Café au lait
et Pain aux raisins

Castor Poche
Collection animée par
François Faucher, Hélène Wadowski,
et Martine Lang

Titre original

MILCHKAFFEE UND STREUSELKUCHEN

Une production de l'Atelier du Père Castor

CAROLIN PHILIPPS

CAFÉ AU LAIT ET PAIN AUX RAISINS

Traduit de l'allemand
par Jeanne Étoré

Illustrations de
JEAN-LOUIS TRIPP

Castor Poche Flammarion

Carolin Philipps

L'auteur est née en 1954 en Allemagne, où elle vit avec son mari et ses deux enfants de 12 et 15 ans. Après des études d'histoire, elle enseigne au lycée, où elle constate que rares sont les ouvrages pour la jeunesse qui traitent des problèmes politiques contemporains. C'est ainsi qu'elle a décidé de consacrer son temps libre à l'écriture, pour mieux informer les adolescents sur le monde dans lequel ils vivent.

Jeanne Étoré

La traductrice travaille sur des livres en allemand et en anglais, d'histoire, de psychologie, de sociologie, ainsi que sur des livres pour la jeunesse.
Elle a obtenu en 1972 le diplôme de l'Ecole supérieure d'interprètes et de traducteurs.
Elle traduit quasiment tous les livres en langue allemande pour l'Atelier du Père Castor.

Jean-Louis Tripp

L'illustrateur a pour principale activité de manger du chocolat, mais il a aussi trouvé le temps de faire un petit homme Tom (3 ans), une kyrielle de bandes dessinées, une tripotée de peintures, un paquet de meubles d'art, une flopée de sculptures dont deux monumentales, sans oublier une myriade de pendules et d'objets aussi beaux qu'inutiles. Pourtant, une chose le met de mauvaise humeur : bricoler dans la maison. Une chose le met en joie : trouver un bon jeu de mots. Son signe distinctif : un Icare tatoué à l'épaule gauche.

Alexandra Carrasco

Chapitre I

Jeudi 3 octobre 1991, 18 heures.

Depuis une heure, Sammy attend, assis sur le rebord de sa fenêtre, son livre de lecture sur les genoux. Il relit sans cesse le texte sur l'été de la Saint-Martin. Madame Pinkepang, son institutrice, donnera-t-elle ce texte en dictée demain matin ou celui de la page suivante? L'autre, c'est un texte sur la construction des cerfs-volants, qui plairait beaucoup plus à Sammy.

Il tourne la page; le second texte est illustré d'une photo en couleurs montrant un petit garçon qui lance un cerf-volant.

Sammy a déjà obtenu de son père la promesse de construire un cerf-volant exactement comme ça : rouge éclatant, avec deux fils pour le guider et une queue d'une longueur infinie.

Que peut bien faire Sonia ?

Si elle n'arrive pas enfin, il va vraiment falloir qu'il se mette à réviser. Sammy regarde par la fenêtre de tous côtés : pas la moindre trace de Sonia.

Il revient à la page précédente en soupirant.

— Regardez bien attentivement ces deux histoires, a dit madame Pinkepang hier matin à la fin de la dernière heure.

— On va faire une dictée ?

Il n'y avait que Boris pour poser ce genre de question ! Une fois de plus, il voulait faire zéro faute. Sammy aussi, mais il aurait préféré se couper la langue que de poser la question. Le pire qui puisse arriver à quelqu'un, c'est d'être considéré comme celui qui veut toujours être le premier à l'école.

En tout cas, madame Pinkepang n'a dit ni oui ni non, elle s'est contentée de sourire d'un air entendu, de telle sorte que tout le monde a compris.

Sammy doute fort que son institutrice manifeste la même préférence que lui pour l'histoire du cerf-volant. Le texte sur l'été de la Saint-Martin comporte quantité de mots difficiles ; Sammy pense donc confusément qu'elle choisira celui-là, précisément pour cette raison.

Il regarde sa montre : 18 h 4. Qu'est-ce que peut bien faire Sonia ?

Au ralenti, il taille son crayon, sort le cahier de brouillon de son cartable et commence à relever et à recopier les mots difficiles.

Lui, en fait, ça lui est un peu égal de faire deux ou trois fautes, mais sa mère est d'un avis différent.

— Tu as la chance de recevoir un bon enseignement, que ton père et moi nous n'avons pas eu. Tu auras une vie plus facile que nous, dit-elle toujours. Mais, pour ça, il faut apprendre, apprendre, apprendre.

De son poste, sur le rebord de la fenêtre, Sammy peut observer la cour, le terrain de jeux et la rue. Aujourd'hui, le parking sur lequel il joue souvent au football avec ses amis est couvert de voitures.

C'est un jour qui a été déclaré férié récemment, fête de l'Unité allemande : la plupart des gens ne travaillent pas. Certains sont allés avec toute leur famille en tramway au centre ville où un grand champ de foire a, paraît-il, été installé autour du lac avec des baraques, des clowns, des guignols et de la musique.

Cette nouvelle fête nationale doit être célébrée avec un éclat particulier chaque année dans une autre ville ; et tout le monde va s'amuser. C'est ce qu'il a lu dans le journal.

Sammy aurait bien aimé, lui aussi, y aller dès ce matin, mais ni son père ni sa mère n'étaient libres. Sa mère est infirmière à l'hôpital, son père est employé des tramways de la ville, il était de l'équipe du soir et ne rentrerait qu'à une heure avancée de la nuit.

Certes, ils auraient pu prendre un jour de congé. Sammy a même entendu ses parents en discuter.

Mais, pour finir, son père a dit :

— Je ne sais pas si pour nous aussi c'est un jour de fête.

Sammy lui aurait bien demandé ce qu'il voulait dire par là, mais son père avait parfois un accent si triste dans la voix qu'il valait mieux ne pas trop poser de questions.

Heureusement, il y avait Sonia. Elle avait prié et supplié jusqu'à ce que ses parents acceptent d'emmener Sammy avec eux au feu d'artifice qui devait être tiré à onze heures du soir sur le lac.

Sammy ferme son livre de lecture. Il est trop excité pour lire, car un vrai feu d'artifice, comme ça, il n'en a encore jamais vu, sauf à la télévision, bien sûr, ou le soir de la Saint-Sylvestre, où il a fait partir des fusées avec son père.

Mais là, c'est un grand feu d'artifice qui sera tiré en l'honneur de cette fête. Depuis des jours et des jours, des spécialistes sont absorbés par les préparatifs sur une île artificielle construite à cet effet au milieu du lac.

Sven l'a raconté hier à l'école, il l'avait appris de son père qui longe tous les jours le lac pour aller à son travail.

Sammy jette encore un coup d'œil au-dehors. Est-ce Sonia qui court, là-bas ? Non, une petite fille se précipite vers la maison voisine et disparaît dans l'entrée. Sammy aperçoit une ombre qui grimpe les escaliers puis s'engouffre derrière une porte, au troisième étage.

Il observe les gens qui rentrent chez eux. Tout le monde est manifestement allé à la fête. Ils ont l'air contents, ils rient. Les enfants tiennent à la main des ballons. Il y en a qui mangent de la barbe à papa. Sammy hume l'air. Ne dirait-on pas que ça sent déjà l'amande grillée ?

Il tâte dans la poche de son pantalon le

billet de cinq marks que son père lui a donné ce matin. Qu'achètera-t-il avec cet argent, de la barbe à papa ou plutôt des pralines ? Impossible de décider ! Avec un peu de chance, il pourra se payer les deux.

Sammy regarde le ciel avec inquiétude. Il ne va quand même pas pleuvoir ce soir ! Le bulletin météorologique n'a pas annoncé de pluie il est vrai, mais ce journaliste de la télévision l'a souvent déçu : pour la dernière excursion scolaire, il avait prévu un soleil éclatant, et… qu'ont-ils eu ? De la pluie, de la pluie, rien que de la pluie.

Depuis, Sammy préfère observer le ciel lui-même, et il faut bien reconnaître qu'aujourd'hui ça ne sent pas la pluie. Pratiquement pas un nuage – le temps idéal pour un feu d'artifice.

18 h 20. Le téléphone sonne. C'est sa mère.

— Habille-toi chaudement pour sortir. Il fait déjà froid dehors, le soir. Et n'oublie pas de fermer la porte à double tour.

— Oui, oui, répond Sammy en faisant une grimace que, fort heureusement, sa mère ne peut pas voir.

Elle se tracasse pour lui, comme si c'était un bébé. À dix ans, il doit quand même bien savoir fermer une porte. Ce n'est pas la première fois qu'il reste seul à la maison. Sonia a les mêmes problèmes avec sa maman. Rien à faire, les mères, c'est comme ça !

Il enfile son blouson de jean, va chercher un petit pain sec à la cuisine et se poste de nouveau à la fenêtre.

18 h 30. Il piétine d'impatience sur place. Elle devrait enfin arriver... Ou bien, l'auraient-ils oublié ? Peut-être qu'ils sont déjà partis sans lui. Ou bien était-ce lui qui devait aller chez Sonia ? Mais elle avait bien dit qu'elle viendrait le chercher. Il en est absolument sûr, en tout cas, il l'était encore, il y a deux minutes.

Il décide de sortir et d'aller à sa rencontre.

Chapitre 2

Juste en se retournant, Sammy aperçoit un groupe de gens. Il pense d'abord que c'est un défilé de lampions, comme on en voit partout à cette époque : des parents avec leurs enfants, un orchestre.

C'est joli, vu d'en haut. Les flammes des bougies clignotent comme de petits vers luisants.

Mais, au fur et à mesure qu'ils approchent, Sammy s'aperçoit que ce ne sont pas des enfants. Et qu'ils ne portent pas de lampions.

C'est une bande d'une vingtaine de jeunes de quinze, seize, dix-sept ans peut-être, qui brandissent des torches enflammées.

Sammy les regarde approcher. Ils chantent et crient on ne sait trop quoi. Sammy ne peut distinguer les mots, il ne connaît pas ces chants, et pourtant il a peur.

Il se fait du souci pour Sonia. Pourvu qu'elle ne croise pas leur chemin. On ne sait jamais. Peut-être qu'ils sont un peu saouls. Il ferait décidément bien d'aller à sa rencontre.

C'est alors que vole la première pierre. Une vitre se brise en éclats au deuxième étage de l'immeuble voisin. Une deuxième pierre heurte le mur au rez-de-chaussée.

Sammy se penche si profondément en avant qu'il en perd presque l'équilibre.

À la lueur du réverbère, il voit de la peinture rouge projetée sur le mur. Elle coule et dégouline par terre. Les gouttes forment une petite flaque. Comme une flaque de sang.

Sammy sait que ce ne peut être que de la peinture ; il rejette quand même la tête en arrière, terrorisé. Heureusement qu'il fait sombre dans sa chambre.

Mais la lumière, dans la cuisine !

Sur la pointe des pieds, il court éteindre. Il est vrai que les fenêtres de la cuisine donnent sur la cour intérieure, mais Sammy préfère s'assurer qu'on n'aperçoive pas la moindre lueur de l'extérieur. Il vaut mieux qu'ils croient qu'il n'y a personne dans l'appartement.

Toujours sur la pointe des pieds, il revient à la fenêtre et regarde au-dehors. Plus personne. Sammy respire. Mais brusquement monte des poubelles une épaisse fumée.

Les premiers badauds se rassemblent dans la cour. Ils se tiennent à quelques mètres du groupe de jeunes et les regardent bombarder les fenêtres de certains appartements.

Eux, ils ne jettent pas de pavés, ils ne disent rien, ils restent là et ils observent.

Il y a aussi des enfants parmi les spectateurs. Certains ont encore leur ballon à la main. La barbe à papa brille à la lueur du réverbère.

Attirés par le bruit, les gens sont sortis sur les balcons tout autour. Sammy en connaît beaucoup. Là-haut, sur le deuxième balcon en partant de la droite, c'est monsieur Schmöllner, un vieil homme pour qui Sammy va parfois faire les courses et qui, en récompense, lui offre chaque fois quelques timbres pour sa collection.

Sur le balcon au-dessus, il voit Frauke qui est dans la même classe que lui. A-t-elle déjà préparé sa dictée? À côté d'elle se tiennent ses parents et son grand frère. Lui, il est très gentil d'ailleurs. Il a appris à Sammy à faire du skateboard et il l'a même emmené sur la piste de skateboard du jardin public pour le présenter à ses copains, parce qu'il pensait que Sammy était très doué.

Maintenant il est là, comme tous les autres, et il regarde.

Sammy se penche doucement par la fenêtre, pour mieux voir.

Ce sont leurs voix !

L'enfant est paralysé de peur, il retient sa respiration. Ils sont juste sous sa fenêtre.

— Là haut, le Noir ! crie le chef en montrant du doigt Sammy qui referme précipitamment la fenêtre.

Trop tard !

Une pierre traverse la vitre, frôle sa tête et atterrit sur le lit. Des débris de verre tombent sur sa veste, son pantalon et ses souliers. Un éclat l'a touché au visage. Il sent que sa joue saigne.

Il reste là, pétrifié, fixant le verre cassé.

Tout à coup se répand une drôle d'odeur. Une odeur de brûlé ?

Il regarde autour de lui. Son ours en peluche, installé sur l'oreiller, est en flammes.

Ce n'était pas une pierre, mais une bombe incendiaire qui a touché l'ours.

Sammy se jette sur le lit, attrape l'ours, se précipite dans la salle de bains. Il ouvre le

robinet de la baignoire et tient sous l'eau l'ours en train de brûler. La fumée âcre qui s'en dégage a une odeur épouvantable. Sammy tousse, il a du mal à respirer.

« En cas de feu, ne jamais jeter d'eau. Étouffer le feu avec une couverture. »

Il ont appris ça juste la semaine précédente avec madame Pinkepang. Sammy a même eu vingt sur vingt parce qu'il savait les consignes par cœur.

Maintenant, il est trop tard. Toute la salle de bains est remplie de fumée. Sammy a les yeux qui brûlent. Il ouvre en grand la fenêtre qui, heureusement, donne sur la cour et il respire profondément. Puis il sort l'ours de l'eau et retourne dans sa chambre en titubant.

Entre-temps, la couverture a pris feu. Il y a tellement de fumée que Sammy n'y voit plus rien. Il attrape la couverture à deux mains, la tire jusqu'à la fenêtre et la jette de l'autre côté.

Elle tombe entourée d'un épais nuage de fumée et atterrit en plein milieu des spectateurs qui s'écartent effrayés.

Par chance, personne n'est blessé ; ce qui n'empêche que les gens sont furieux ; l'un d'eux crie à Sammy :

— Tu es cinglé ? Tu ne vois pas qu'il y a des enfants en bas !

Mais Sammy ne l'entend déjà plus. Il est retourné dans la salle de bains ; il met sous le robinet ses mains couvertes de brûlures qui lui font atrocement mal ; c'est surtout la main droite qui a été touchée. D'énormes cloques sont déjà apparues ; les deux mains sont toutes rouges.

Sammy ne peut pas prendre la pommade contre les brûlures, parce que sa mère a fermé à clef l'armoire à pharmacie. Mais le père de Sonia n'a-t-il pas raconté qu'autrefois sa propre mère, lorsqu'il se brûlait, lui mettait du dentifrice sur la plaie parce qu'il n'y avait pas de pommades. Donc Sammy s'enduit la main droite d'une épaisse couche de dentifrice. Ça sent la menthe et, effectivement ça rafraîchit.

Il n'ose pas allumer dans sa chambre, car il entend toujours au-dehors les cris et les grondements des agresseurs. Timidement, il jette un coup d'œil par la vitre brisée.

Chapitre 3

Sur le balcon, au troisième étage de l'immeuble d'en face, n'est-ce pas Boris, avec son père ?

Et maintenant Boris montre du doigt la chambre de Sammy avec la vitre cassée. Sammy aimerait bien savoir ce que Boris est en train de dire à son père. Se réjouit-il qu'une chose pareille arrive justement à Sammy ? Certainement. Il ne peut pas voir Sammy et il l'embête chaque fois qu'il en a l'occasion, que ce soit le matin à l'école ou l'après-midi au terrain de jeux.

Sammy grimace de douleur. Il sent un élancement dans sa main qui brûle toujours terriblement malgré le dentifrice.

Alors seulement, il repense à Sonia. 18 h 45

à sa montre. Tout ça s'est passé en l'espace de quelques minutes à peine ? Sammy aurait cru qu'il s'était écoulé des heures.

Il regarde à nouveau par la vitre brisée.

Elle est là !

Elle fonce à travers la cour avec son skateboard, contourne habilement les badauds et se jette en plein dans le groupe de jeunes, qui, surpris, font un bond de côté. Après une élégante boucle, elle freine et se retrouve devant le chef qui, de surprise a laissé tomber sur son pied le pavé qu'il tenait et gémit de douleur en sautant à cloche-pied.

— Tu es complètement folle ou quoi ? hurle-t-il à Sonia.

— Pardon, réplique-t-elle, coinçant son skateboard sous le bras. Je ne pouvais pas savoir que tu étais si sensible !

Il lui montre le poing.

— Disparais, petite garce, et plus vite que ça.

Tandis que Sammy transpire de peur à la fenêtre, Sonia se dirige à pas ostensiblement lents vers la porte d'entrée. Tout à coup elle s'arrête. Un liquide rouge dégouline du mur juste à ses pieds.

Cette fois, c'est Sonia qui fait un bond de côté. Les jeunes rient.

— Qu'est-ce que vous faites ?

— Je croyais t'avoir dit de disparaître !

Le chef avance d'un pas vers elle, l'air menaçant.

Un homme se dégage de la foule, court vers Sonia, la prend par la main et souffle entre ses dents serrées :

— Il vaut vraiment mieux que tu t'en ailles, fillette. Ce n'est pas ta place, ici.

— Mais…

L'homme la pousse vers la porte et attend qu'elle ait disparu dans l'entrée. Puis il retourne avec les autres.

Sammy ouvre la porte à Sonia avant même qu'elle ait sonné.

Elle parvient en haut de l'escalier complètement hors d'haleine.

— Tu as vu ces types en bas ? Qu'est-ce qu'ils veulent ? demande-t-elle toujours aussi furieuse.

Sammy ne sait trop que lui répondre. Il se cache la main derrière le dos et se tait.

— Pourquoi il fait si noir ici ? Tu ne peux pas allumer ?

Avant qu'il ait pu l'en empêcher, elle a appuyé sur l'interrupteur. Le palier s'éclaire. Au même instant, Sammy la pousse. Il tape un grand coup sur l'interrupteur pour éteindre de nouveau. Tandis que Sonia proteste violemment, il la prend par la main et l'emmène jusqu'à la fenêtre de sa chambre.

— Mon Dieu ! s'exclame-t-elle horrifiée. Qu'est-ce qui s'est passé, un pavé ?

— C'était une sorte de bombe incendiaire. J'ai jeté la couverture par la fenêtre. Ils ont aussi touché mon ours. Il est complètement carbonisé.

Sonia regarde l'ours avec pitié. Elle essaie de faire tomber la suie de son poil, mais elle est prise d'une quinte de toux.

— On pourrait peut-être couper aux ciseaux les poils brûlés, dit-elle ensuite sans vraiment y croire.

C'est juste pour essayer de consoler Sammy.

Il se tient près de la fenêtre et regarde au-dehors. Puis il lui fait signe d'approcher. Doucement, elle se glisse vers la fenêtre et regarde en bas, où l'un des jeunes est juste en train de se baisser pour ramasser une pierre. Il a une bouteille de bière dans une main, dans l'autre un pavé avec lequel il vise de nouveau la fenêtre.

Avant même que Sammy ait pu la retenir, Sonia a ouvert la fenêtre et elle sort la tête. L'agresseur voit apparaître le visage blanc de

Sonia avec ses boucles blondes, il s'arrête, interdit.

— File de là, lui crie-t-elle, hors d'elle. Mon père est dans la police. Ils vont arriver. Et tu verras ce que tu verras !

Ce n'est, certes, pas vrai, que le père de Sonia est dans la police, ni que la police arrive, mais ça fait son effet.

— Tu t'es trompé de fenêtre ! braille un des voisins à son comparse. C'est un flic qui habite là.

— Qu'il vienne ! rétorque l'autre en brandissant la bouteille de bière vers Sonia. Et pour l'accueillir, il aura en prime une bombe dans le derrière !

Les autres rient et menacent Sonia de leurs bouteilles. Malgré tout, l'intervention de Sonia a un peu brisé leur élan. Les spectateurs aussi s'éclipsent un à un.

Lorsque la police arrive ensuite pour de bon, elle ne trouve que du verre brisé, des murs souillés, une couverture carbonisée et quelques journalistes qui interrogent les gens et prennent des photos pour l'édition suivante de la presse locale.

Les journalistes sonnent à la porte de tous les appartements dont les vitres ont été brisées. Personne n'ouvre. Même chez Sammy, ils restent devant la porte, ils tapent et sonnent, mais Sammy et Sonia ne leur ouvrent pas.

Les gens qui étaient sur les balcons rentrent dans leurs appartements. Partout, on allume la télévision.

Chapitre 4

Sonia et Sammy demeurent encore un moment à la fenêtre ; ils regardent le concierge balayer les débris en pestant haut et fort.

Un des journalistes lui tient un micro sous le nez. Il se plaint amèrement que tout lui retombe toujours dessus. Sammy sursaute en voyant encore un éclair, mais cette fois ce n'est que le flash de la photographe qui accompagne le journaliste.

— Regarde, dit tout à coup Sonia doucement en montrant une silhouette sur l'un des balcons de l'immeuble d'en face.

Alors que tous les autres ont disparu depuis longtemps à l'intérieur de leurs appartements, il y a là quelqu'un qui regarde dans leur direction.

— Mais c'est Boris !

— Il est resté là toute la soirée à contempler le spectacle.

La porte de l'immeuble d'en face s'ouvre ; un homme sort avec une poubelle. Il jette un coup d'œil alentour puis se dirige lentement vers les conteneurs. Le journaliste l'a vu. Il interrompt son entretien avec le concierge pour se précipiter vers le nouveau venu.

Lorsqu'il le rattrape, l'homme pose immédiatement sa poubelle par terre. Il est interrogé et photographié à son tour.

— C'est le père de Boris, dit tout à coup avec mépris Sammy, qui est allé chercher au salon les jumelles de son père et suit l'entretien.

— Montre !

Sonia lui arrache les jumelles des mains.

— Il a fait exprès de descendre les ordures juste maintenant. Pour être dans le journal !

À cet instant précis, deux personnes arrivent en courant.

— Mes parents ! s'exclame Sonia. Regarde, la photographe et le journaliste les poursuivent.

Mais cette fois c'est trop tard. La porte de l'immeuble se referme juste sur leur nez.

Sonia ouvre à ses parents. Ils sont affolés

et en même temps soulagés qu'il ne soit rien arrivé à leur fille.

— Et toi, Sammy, tu n'as rien?

— Son ours a brûlé, et la couverture aussi, la vitre est cassée, et il a une coupure sur la joue.

Pendant que le père de Sonia inspecte la chambre de Sammy, la mère examine la plaie sur sa joue. À la mère de Sonia, Sammy ne peut pas cacher plus longtemps sa main brûlée. Sonia pousse un gémissement de terreur à la vue de la main couverte de dentifrice. Sa mère fait doucement partir la pâte blanche sous le robinet d'eau froide. Le moindre contact est douloureux, Sammy serre les dents pour ne pas pleurer.

— Quand est-ce que ta mère rentre, Sammy?

— Tard ce soir, et mon père est de l'équipe du soir.

Sammy et Sonia vont d'abord aller à l'hôpital avec le père de Sonia.

— Et le feu d'artifice? On n'y va pas? demande Sonia.

Sammy n'a plus aucune envie d'aller nulle part mais, voyant la déception de Sonia, il dit :

— On peut y aller quand même, quand on aura fini à l'hôpital.

— Il vaut mieux qu'il soit distrait, murmure la mère de Sonia à son mari. Je reste là, j'attends sa mère. Je vais ramasser les débris de verre, sans quoi elle va être terrorisée. Mais comment lui expliquer ce qui s'est passé ?

Elle parle tout doucement, mais Sammy entend quand même.

Entre-temps, la voisine est de retour, elle aussi. Elle était allée promener son chien, et ce sont les parents de Sonia qui lui racontent ce qui vient de se passer.

— Mon Dieu ! s'exclame-t-elle en voyant la main de Sammy. Et moi qui avais promis à sa maman de veiller un peu sur lui. Jamais il n'était rien arrivé. Je me suis absentée une heure à peine.

Le père de Sonia essaie de la consoler. Personne n'aurait pu prévoir une chose pareille. Et finalement, on a encore évité le pire, mis à part la vitre cassée et la main de Sammy.

Sammy se tient un peu à l'écart, il écoute la discussion. Avec lui, personne ne parle de ce qui vient d'arriver. Ils ramassent les débris, aèrent l'appartement pour que l'odeur de fumée disparaisse, ils s'apitoient sur la brûlure.

Mais personne ne demande pourquoi c'est arrivé.

Sammy le sait, Sonia le sait, les adultes aussi le savent. Mais personne n'en parle.

Quand ils s'en vont enfin avec Sonia et son père, Sammy se sent soulagé. À l'hôpital, heureusement, on ne les fait pas trop attendre. L'infirmière inscrit le nom de Sammy, son adresse et les références de la caisse d'assurance maladie à laquelle sont affiliés ses parents. Puis elle demande :

— Qu'est-ce qui est arrivé à cette main ? Tu as joué avec des allumettes et mis le feu à ta chambre ?

Avant même que Sammy ait pu prononcer un mot, le père de Sonia a pris l'infirmière à part. Il lui explique quelque chose à voix basse. D'un œil, Sammy continue de lire sa bande dessinée, de l'autre, il les observe. Sans doute parlent-ils de la bombe incendiaire.

L'infirmière ouvre de grands yeux effarés.

— Pauvre gosse, murmure-t-elle, et elle sort précipitamment de la salle d'attente sans rien inscrire d'autre.

Le médecin survient quelques minutes après. Il examine la main de Sammy qui s'est entièrement couverte de cloques. Puis il lui met un pansement et un bandage.

— Ça s'arrangera, conclut-il en passant la main dans les cheveux de Sammy. Il faut simplement que tu fasses attention à ne pas salir la plaie. Et demain, tu consulteras ton médecin traitant.

Chapitre 5

Enfin, ils repartent pour le feu d'artifice. La ville est pleine de gens en liesse, de baraques où l'on vend des saucisses, de petits orchestres et de lampions multicolores.

Tout se mêle dans la tête de Sammy. En voyant la foule s'amuser, il a peine à croire que ce soit cette même ville où, il y a deux heures à peine, on jetait des bombes incendiaires.

En fait, c'est exactement comme Sammy se l'était représenté, et en même temps tout différent. Le public est massé sur les rives du lac ; tous les regards sont braqués sur l'île artificielle, où le signal du grand feu d'artifice va être donné d'un instant à l'autre.

Mais lorsque enfin les fusées rouges et

vertes éclatent dans le ciel et que tout le monde pousse des « Oh » et des « Ah » d'admiration, Sammy se bouche les oreilles. Les explosions et les sifflements se succèdent sans arrêt. Tout est rouge, vert et bleu autour de lui. Il lui semble que les fusées foncent droit sur lui.

Lorsqu'une fusée encore plus grosse que les autres éclate dans le ciel avec un énorme bruit d'explosion, Sammy n'y tient plus. Il se retourne et part en se faufilant entre les gens. Il entend Sonia crier :

— Sammy, où tu vas ?

Il pousse et se débat. Les spectateurs le laissent passer en maugréant. Un homme l'attrape par le bras, se met en colère et le secoue :

— Qu'est-ce qui te prend ? Tu ne peux pas rester cinq minutes tranquille, à regarder comme tout le monde ?

Sammy se dégage et traverse en courant le champ de foire. Il passe devant les baraques et les stands de vin. Et il continue toujours. Il a l'impression que son crâne va exploser.

À la fin, il se glisse à quatre pattes sous un podium d'orchestre et s'aplatit sur le sol, face contre terre, mains sur les oreilles. La musique couvre les explosions et les sifflements du feu d'artifice.

Il ne sait pas combien de temps il reste là. De temps en temps, il écoute. Enfin, les explosions cessent.

Il ressort doucement de sa cachette, prudemment, tendant toujours l'oreille au cas où ça recommencerait. Personne ne prête attention à lui, les gens regardent les musiciens, battent des mains joyeusement, en mesure, quelques-uns se mettent à danser.

Sammy est noyé au milieu de la foule et n'a pas la moindre idée de la façon dont il pourrait retrouver Sonia et son père. Puis il repense au chapiteau de la Croix-Rouge. Ils avaient dit qu'ils se retrouveraient là, si jamais l'un d'eux se perdait. C'était entendu comme ça avec le père de Sonia.

Lorsqu'il atteint le chapiteau, Sonia l'y attend déjà impatiemment.

— Qu'est-ce qui t'arrive ? Tout d'un coup tu as disparu. Mon père te cherche partout, dit-elle d'un ton de reproche.

Sammy murmure un mot d'excuse, s'assied sur une chaise et plonge le visage dans ses mains.

— Sammy, ça ne va pas ? Ta main te fait mal ?

Maintenant, Sonia a carrément peur.

Sammy secoue la tête. Sa main, ce n'est pas le pire. Il l'avait déjà presque oubliée.

Quand le père de Sonia revient, il ne le gronde même pas. Tout content que Sammy soit de nouveau là, il lui caresse les cheveux.

— Ça faisait tellement de bruit..., essaie d'expliquer Sammy.

Brusquement il a un peu honte. Un feu d'artifice, ça fait toujours beaucoup de bruit, c'est justement ce qu'il y a de bien.

Mais aujourd'hui, il n'a pas pu le supporter.

Par chance, le père de Sonia a compris.

— Ne te fais pas de souci. Finalement, ça n'était pas une très bonne idée de venir ici.

Ils restent là encore un moment, même s'ils n'ont pas vraiment le cœur à s'amuser, bien que le père de Sonia fasse tous les efforts possibles. Il leur offre de la barbe à papa, des pralines et même du Coca. Sammy n'a pas eu à dépenser ses cinq marks.

Lorsque le père de Sonia est sûr que la maman de Sammy est rentrée à la maison, ils prennent le chemin du retour. La maman de Sammy est assise au salon avec la voisine et la maman de Sonia, elles boivent du thé en commentant l'événement.

Quand Sammy entre, sa maman se lève

d'un bond, le prend dans ses bras et le serre si fort qu'elle l'étoufferait presque.

— Alors, c'était comment ? demande-t-elle ensuite.

Sammy ouvrait déjà la bouche pour lui parler des pierres et de l'ours en peluche, mais il réalise alors qu'elle veut parler du feu d'artifice. Immédiatement il se tait et laisse Sonia décrire les fusées. Elle ne mentionne pas que Sammy s'est enfui. Son père aussi se contente de passer sous silence ce moment de la soirée.

Il est bien plus de minuit lorsque Sonia rentre chez elle avec ses parents.

— Il vaudrait mieux que Sammy n'aille pas à l'école aujourd'hui, a dit en partant le père de Sonia à la mère de Sammy. Il est un peu perturbé.

Chapitre 6

Une fois qu'ils sont tous partis, la mère de Sammy prend son fils dans ses bras.

— Une chance qu'il ne te soit pas arrivé pire, dit-elle. Ta main te fait encore mal ?

Sammy fait « non » de la tête. Il s'apprête à tout raconter, mais elle lui pose un doigt sur la bouche en secouant la tête.

— Pas maintenant, Sammy. Maintenant il faut d'abord que tu dormes. Le mieux, c'est que tu viennes avec moi dans mon lit. J'espère que le concierge fera vite remplacer la vitre de ta chambre. Et demain, j'irai t'acheter une couverture neuve.

Pourquoi ne veut-elle pas en parler ? Comme s'il allait pouvoir dormir !

Dans sa chambre, tous les débris ont été

balayés. Ils ont collé une feuille de plastique à la place de la vitre cassée. L'odeur de laine calcinée a disparu, elle aussi. On croirait presque qu'il ne s'est rien passé. Presque seulement, car la vitre a un trou, sa main brûle, et l'ours en peluche…

L'ours ! Où est-il passé ? Il l'a montré à Sonia, puis il l'a posé sur son lit. Mais il n'y est plus. Sammy le cherche en vain dans toute la chambre.

— Sammy, où es-tu ? Je t'attends !

— Je ne trouve plus mon ours.

D'abord, pas de réponse. Ensuite, sa mère apparaît sur la porte.

— Sammy, dit-elle sur un certain ton qui signifie toujours une chose désagréable au sujet de laquelle on va lui demander de se montrer « raisonnable ». Sammy, l'ours était complètement carbonisé et il était trempé. Tu ne peux vraiment plus…

Il la pousse et court voir dans la poubelle à la cuisine. L'ours est là, enfoui sous des feuilles de thé. Il le prend, fait tomber le thé dans l'évier. Puis il frotte l'ours et le rince sous le robinet. Il a de la peine, parce qu'il ne peut se servir que d'une seule main. Il mouille tout son bandage ; la main brûlée se remet à lui faire mal.

— Sammy…

— Laisse-moi tranquille ! crie-t-il à sa mère.

Comment a-t-elle pu seulement le jeter à la poubelle ! Certes il n'a plus absolument besoin de son ours comme autrefois. Pour s'endormir et tout ça. Mais, d'aussi longtemps que Sammy se souvienne, l'ours a toujours été couché dans son lit. Avant, il y a des années, sur l'oreiller, maintenant quelque part au fond du lit.

Sa mère a déjà essayé de le persuader de jeter son ours, parce qu'il n'était prétendument « pas propre », et peut-être que Sammy aurait accepté de s'en séparer, peut-être même le lendemain.

Mais pas de cette façon. Après tout, l'ours n'y est pour rien s'il a reçu une bombe.

Il le frotte rageusement. Sa mère l'observe un moment en silence, puis elle dit :

— Je regrette, Sammy. J'ai cru… On peut le poser sur le chauffage, il sera sec avant demain.

Sammy reste méfiant mais, comme elle lui donne sa parole d'honneur de ne pas le jeter de nouveau à la poubelle, il finit par le mettre au salon sur une serviette juste sous le gros poêle qui reste allumé toute la nuit.

Chapitre 7

Pendant ce temps, Sonia est partie avec ses parents. Devant la porte, le concierge a fini de nettoyer depuis longtemps ; pas la moindre trace ne rappelle ce qui s'est passé il y a quelques heures.

Tout au moins, au premier abord. À y regarder de plus près, bien sûr, on voit encore la peinture rouge collée sur le mur de la maison et les vitres brisées.

Les fenêtres de l'appartement de Sammy sont allumées. Sonia s'arrête et lève les yeux vers la chambre de Sammy. Sa mère la prend par la main et l'entraîne.

— Il est tard Sonia, maintenant, viens.

Sonia et ses parents suivent en silence des rues obscures.

— Ils ont fait ça, parce que Sammy a la peau noire, non ?

Les parents tressaillent en entendant les paroles de Sonia résonner dans la rue silencieuse.

— Pas si fort, Sonia, murmure la mère en regardant peureusement autour d'elle.

— Pas ici, dans la rue. On en parlera demain. Maintenant, je suis fatigué, dit également le père en bâillant à grand bruit.

Sonia les regarde tour à tour, stupéfaite. Elle n'a jamais vu ses parents comme ça. Pourquoi ne veulent-ils pas en parler ? Est-ce vraiment simplement la fatigue, ou bien auraient-ils peur ?

Sonia ne se laisse pas dissuader aussi aisément.

— Pourquoi, papa, pourquoi ils ont fait ça ?

Le père soupire. Mais comme il connaît sa fille, il commence à expliquer :

— Ce n'est pas facile de te répondre. Il y a trente ans, on a fait venir des étrangers chez nous parce qu'on avait besoin de main-d'œuvre. Mais aujourd'hui, ils viennent sans qu'on en ait vraiment besoin. Nous avons nous-mêmes énormément de chômeurs.

« Beaucoup viennent parce qu'ils sont poursuivis dans leur pays, ils ont peur d'être mis en prison, comme le père de Sammy. Dans son pays, il luttait contre le gouvernement. Sa tête avait été mise à prix. C'est pour ça qu'il est venu.

« Il y en a d'autres qui viennent parce qu'ils ont faim, et que notre pays est riche…

La mère de Sonia, qui a écouté jusque-là sans rien dire, interrompt son mari :

— Mais il faut reconnaître, Fred, qu'à force ils sont trop. Que veux-tu qu'on en fasse de tous ces gens ? Il leur faut des logements, des crèches. Beaucoup vivent de l'aide sociale. Qui paiera tout ça ? L'État n'est pas une vache à lait ni la poule aux œufs d'or.

Sonia écoute complètement abasourdie. Quel rapport entre les logements, l'aide sociale, la vache à lait et la brûlure de Sammy ?

Lorsqu'ils débouchent de l'artère principale dans la petite rue où se trouve leur maison, ils voient brusquement un homme courir sur le trottoir d'en face.

— Mais c'est Paul… Hé ! Paul ! crie le père de Sonia en faisant de grands gestes.

Paul, c'est le père de Sammy, qui en réalité ne s'appelle pas du tout comme ça. Ses collègues l'ont baptisé Paul, parce qu'ils n'arrivaient pas à prononcer son vrai prénom : Fitsumberhan.

D'habitude, le père de Sonia fait un effort, mais quand il est pressé comme ça il recourt lui aussi à ce prénom, Paul. La maman de Sonia fait signe à son tour.

L'homme ne les entend pas. Il continue de courir, en se retournant de temps en temps pour regarder derrière lui, comme s'il était poursuivi. Puis il disparaît dans l'obscurité aussi vite qu'il était apparu.

Le père de Sonia, troublé, le suit des yeux.

— C'était bien lui, non ?

— Bien sûr que c'était lui. Mais qu'est-ce qu'il a ? Il ne peut pas ne pas nous avoir entendus.

Ils attendent encore un moment, pour voir si vraiment quelqu'un était à sa poursuite. Mais il ne vient personne, mis à part un homme qui promène son chien.

Sonia se sent soulagée lorsqu'ils arrivent enfin chez eux. Bien qu'elle dorme debout, sa mère exige absolument qu'elle se lave au moins les mains et le visage. Comme elle n'a pas mentionné les dents, Sonia les oublie sans mot dire.

Les mères ! pense-t-elle en tombant morte

de fatigue dans son lit. Elle aimerait bien savoir si Sammy doit aussi se laver les dents.

Dans un demi-sommeil, elle entend encore son père essayer d'appeler chez Sammy, mais personne ne répond.

Chapitre 8

Sammy a du mal à trouver le sommeil cette nuit-là. Dès qu'il ferme les yeux, il revoit les flambeaux et entend le bruit de la vitre qui se brise. Il se force donc à garder les yeux ouverts.

Il finit quand même par s'endormir. Il rêve d'un grand feu. Il est assis à la fenêtre et regarde la rue. Les autres dorment. Et tout à coup il voit les flammes. Elles jaillissent presque en même temps de toutes les fenêtres de l'immeuble d'en face.

Il a envie de réveiller ses parents, mais chaque fois qu'il ouvre la bouche pour leur parler de l'incendie un gros index se pose sur ses lèvres. Il court au téléphone. 18 – les pompiers.

— Oui, allô, qui est à l'appareil ?

Il ouvre la bouche, mais une fois de plus le gros index vient la lui clore.

— Allô, qui êtes-vous ?

Il raccroche, retourne à la fenêtre. Une épaisse fumée sort de toutes les fenêtres de l'immeuble en feu, les flammes montent de plus en plus haut. Le toit à son tour a pris feu.

Sammy court dans la rue. Il y a beaucoup de gens ; ils passent devant l'immeuble en flammes comme s'ils ne voyaient rien.

Sammy tire par la manche un de ces passants.

— L'immeuble, là ! Il brûle !

L'homme, stupéfait, le regarde, pose l'index sur ses lèvres et poursuit son chemin. La dame à qui il veut s'adresser ensuite pose aussi un doigt sur ses lèvres et s'en va. Le policier non plus ne voit rien. Il est planté devant la porte de l'immeuble en train de brûler et met une contravention à une voiture mal garée.

Sammy lui donne un coup de coude et lui montre l'immeuble, mais le policier se contente de secouer la tête d'un air mécontent en posant l'index sur ses lèvres.

Les gens ne se décident à regarder que quand la maison s'effondre dans un bruit de

tonnerre et que les poutres enflammées s'abattent sur la chaussée.

Mais alors, il est trop tard.

Ils essaient encore d'échapper, les pompiers arrivent avec leurs gyrophares bleus, mais l'immeuble s'effondre sur eux tous.

Chapitre 9

Sammy s'éveille en hurlant. Il voit le visage de sa mère penché sur lui, l'air affolé. Il s'apprête à lui raconter son cauchemar, mais elle secoue la tête et pose l'index sur les lèvres de son fils.

— Pas maintenant, Sammy. Il faut que tu essaies de dormir.

Elle lui prépare une tisane et reste assise à côté de lui.

Pourtant il redoute de se rendormir. Il rouvre les yeux, épouvanté.

— Ça brûle, maman, et ils ne le voient pas !

Sa mère est soulagée lorsqu'il s'endort enfin. Elle caresse ses boucles de cheveux noirs, prend la main brûlée entre les siennes et la tient bien fort.

Il y a des jours où elle se demande s'ils ont eu raison de venir dans ce pays.

Certes, la plupart des gens avec qui ils sont en relation sont gentils. À l'hôpital, par exemple, elle a beaucoup de bons amis parmi ses collègues.

Avec les malades aussi, elle s'entend bien, même si tel ou tel la regarde d'un air un peu méfiant la première fois qu'elle entre dans la chambre. Au bout de quelques minutes, quand elle refait leur lit à fond, qu'elle leur a lavé le visage et qu'elle les a patiemment écoutés raconter comment ils ont passé la nuit précédente, la plupart oublient qu'ils ont devant eux une infirmière de couleur.

Parfois, elle rêve qu'elle retourne chez elle, dans son village des monts de l'Érythrée, à quelques kilomètres au sud de la capitale, Asmara, à six mille kilomètres de l'Europe.

Sa famille n'était pas riche ; mais ils avaient tout ce qu'il leur fallait pour vivre, ils avaient même plus que beaucoup de leurs voisins : une maison de pierre avec un toit d'argile séchée où elle vivait avec ses parents, quatre sœurs et trois frères. Son père élevait des chèvres et des moutons que gardaient ses frères.

Les bonnes années, lorsqu'il pleuvait suffisamment, il y avait assez de lait et de grain pour faire du pain. Pour les hôtes, il y avait même du moka, parfumé au gingembre.

Les mauvaises années, lorsque les céréales brûlaient au soleil, il fallait boire de l'eau au lieu du lait. Mais, d'une manière ou d'une autre, ça suffisait toujours. Ils étaient contents.

La mère de Sammy ne sait pas exactement quel âge elle a. Ça n'intéressait personne dans ces montagnes. Rares étaient ceux qui savaient lire et écrire. Elle-même ne l'avait appris que des années plus tard, à la Croix-Rouge.

Elle était peut-être un tout petit peu plus jeune que Sammy, lorsque avaient commencé les mauvaises années. Ils espéraient toujours que la pluie allait venir. Mais le soleil brûlait les champs, et le vent apportait des nuages de poussière de la montagne. Peu à peu, il avait fallu abattre tous les moutons et les chèvres, et malgré ça, bien souvent avec ses frères et sœurs ils étaient allés au lit en ayant encore faim.

Puis il y avait eu la guerre dans les montagnes. Jusqu'alors ils n'en avaient eu connaissance que par les récits de marchands qui montaient régulièrement de la ville. Certains jours, le vent apportait aussi de très loin des crépitements de tonnerre mais, si on ignorait ce que cela voulait dire, on pouvait croire que c'était un orage.

Des jeunes gens étaient venus au village. Ils avaient expliqué aux anciens que toutes les tribus qui vivaient entre la mer Rouge et le haut plateau appartenaient à l'Érythrée. Ils avaient dit que les soldats de l'empereur Hailé Sélassié de la lointaine Éthiopie voulaient conquérir et gouverner l'Érythrée.

Il fallait l'en empêcher à tout prix, et toutes les tribus devaient envoyer des hommes pour défendre la liberté.

Au village, personne ne comprenait exactement de quoi il retournait ; du reste personne n'était ensuite descendu de la montagne pour se battre. La seule chose qui avait changé, c'est que le grondement des canons s'était rapproché et que les marchands n'étaient plus venus.

Un soir, en revenant avec d'autres femmes du travail dans un champ un peu à l'écart du village, de loin déjà elles avaient aperçu des nuages de fumée noire.

Elles s'étaient toutes mises à courir comme un seul homme. Mais en arrivant hors d'haleine au village, elles n'avaient trouvé que des huttes calcinées et, entre les huttes, des femmes et des enfants morts.

Une petite fille, qui s'était cachée derrière une habitation, avait couru à leur rencontre en pleurant et leur avait raconté que des soldats étaient venus, qu'ils avaient fait prisonniers et emmené tous les hommes. Qu'ensuite, ils avaient tiré comme des fous et, pour finir, mis le feu au village.

Plus de village, sa mère et ses sœurs assassinées, ses frères disparus.

Elle s'était mise au travail avec les quelques autres femmes rescapées, elle avait creusé des trous dans la terre avec sa pelle. Il leur avait fallu des jours et des jours pour enterrer toutes les victimes. Puis elles étaient descendues dans la vallée.

Au début, elles avaient marché jour et nuit, avec juste quelques petites pauses, mais au fur et à mesure qu'elles approchaient de la ville elles n'avaient plus osé marcher que de nuit. Le jour, elles avaient peur de tomber sur des soldats.

Tout cela avait été un cauchemar, et pourtant elles avaient encore eu de la chance. Car, au terme de ces semaines de marche, elles étaient arrivées dans un camp de réfugiés de la Croix-Rouge, au Soudan.

Une ville de tentes, en plein milieu du désert, des tentes les unes à côté des autres, à perte de vue. Il n'y avait pas grand-chose à manger, mais ça suffisait à assurer la survie, pour certains au moins : de l'eau, un peu de farine et de l'huile. C'étaient des camions qui les apportaient. Des dons de l'Europe. Il y avait même un hôpital avec des médecins venus d'Allemagne.

Elle avait passé six ans dans ce camp. Lorsqu'elle avait repris un peu de forces, elle avait travaillé à l'hôpital où les médecins lui accordaient une ration supplémentaire. Elle avait appris l'allemand ; par la suite, elle avait même appris à lire et à écrire.

C'était là aussi qu'elle avait fait la connaissance de son mari. Il avait vécu des années dans les rangs des partisans et avait été grièvement blessé au cours d'un bombardement aérien.

Ils s'étaient mariés dans le camp, et la Croix-Rouge leur avait permis de venir en Allemagne où elle avait reçu une formation d'infirmière. Son mari avait suivi une formation d'aide-soignant, mais il n'avait pas trouvé de travail et s'était reconverti en contrôleur de tramway.

À l'origine, ils avaient prévu de retourner

en Érythrée pour aider les gens de leur pays. Mais d'abord la situation politique était trop critique, ensuite il y avait eu la naissance de Sammy.

Parfois, lorsqu'elle voit des images à la télévision ou qu'elle lit des reportages sur l'Érythrée dans les journaux, la maman de Sammy a mauvaise conscience. Ils devraient retourner là-bas, aider à la reconstruction. Après tout, c'était leur pays.

Combien de fois n'en ont-ils pas parlé déjà, elle et son mari. Il partirait peut-être. Après tout, il a combattu des années pour l'indépendance de l'Érythrée.

Beaucoup de leurs amis sont repartis là-bas. Avec l'argent qu'ils avaient économisé et un complément de la banque, ils ont monté leur petite entreprise artisanale en Érythrée.

Tesfagi, par exemple, a ouvert un garage qui marche bien : il forme sur place de jeunes mécaniciens. Il leur a écrit qu'ils devraient le rejoindre.

Mais elle ne sait plus très bien ce qu'elle veut, ni où elle doit aller.

Maintenant, ils vivent depuis si longtemps en Allemagne qu'elle-même n'est plus absolument sûre d'avoir envie de repartir. Repartir pour où ? Leur pays ? Leur chez-soi ? Où est-ce ? Son pays, c'était son village, ses parents, sa famille. Or, tout cela n'existe plus. Quant à l'Érythrée où la guerre s'est entre-temps terminée, ce pays où a commencé la reconstruction… ce n'est pas son pays.

Aujourd'hui, elle connaît mieux l'Allemagne.

Ils y sont restés pour que Sammy grandisse dans la paix et la sécurité. Ils ont voulu qu'il soit plus heureux qu'eux. Qu'il ne grandisse pas dans un camp, mais reçoive une véritable formation, comme tous les autres enfants. Qu'il mange à sa faim tous les jours, qu'il aille à l'école, qu'il apprenne à jouer du piano, qu'il ne vive pas dans la peur.

Et, jusqu'à maintenant, ça a très bien marché.

Elle l'observe tristement, prend doucement sa main bandée. La paix, la sécurité. Qui sait si bientôt il ne sera pas plus en sécurité en Afrique qu'ici.

Chapitre 10

Lorsque Sammy s'éveille, assez tard le matin, on sent déjà l'odeur de café qui vient de la cuisine. Effrayé, il regarde son réveil à côté du lit : 8 h 40. La première leçon est déjà terminée, et il est encore au lit.

Le sang bat dans sa main droite. Elle est brûlante et elle lui fait mal. Alors seulement il se souvient de ce qui s'est passé la veille.

Au lieu de se lever, il se laisse retomber dans son lit. L'envie d'aller à l'école est passée d'un coup. Il a mal au ventre rien qu'à l'idée d'arriver en classe avec son bandage. Il voit déjà d'ici Boris planté devant lui, en train de rire et de se livrer à ses commentaires stupides.

Lorsqu'il entend le pas de sa mère, il ferme les yeux et fait comme s'il dormait encore.

Elle entre, reste un moment à côté de son lit, le couvre avec précaution. Puis elle ressort en silence.

Son père est couché à côté de lui, il dort. Il doit être rentré du travail dans la nuit.

Sammy s'appuie sur le coude et le regarde. Il respire fort et profondément. Sammy lui touche le nez du bout du doigt. C'est un nez aussi aplati que le sien, plus écrasé que les nez pointus de la plupart des gens dans ce pays. Et les lèvres sont un peu plus épaisses, comme chez Sammy. Il pose la main à côté de celle de son père. La même peau noire.

À l'école, ils l'appellent Café au lait. Pas tous, Sammy a beaucoup de bons amis, mais il a aussi quelques ennemis, comme Boris et ses copains.

Pourtant, sa peau n'est pas aussi noire que celle des gens qui viennent du sud de l'Afrique. Mais elle n'est quand même pas aussi blanche que celle de Boris et de Sonia. Et c'est là que commence le problème.

À vrai dire, ce n'est un problème que parce que les autres en font un. Lui, l'allure extérieure des gens lui est assez indifférente.

En Érythrée, d'où viennent ses parents, tous les gens sont noirs comme lui. Il ne se remarquerait pas particulièrement. Il ne peut pas imaginer exactement ce que ce serait, de vivre là-bas avec ses parents. Dans la rue, dans les magasins, à l'école. Tous seraient comme lui. Personne ne l'appellerait plus Café au lait, parce qu'il serait tout à coup parfaitement normal, à l'image de tous les autres.

Parfois, surtout quand il a beaucoup d'ennuis avec Boris, il rêve de ce village des montagnes d'Afrique qu'il ne connaît qu'à travers les récits de sa mère. Lui-même n'y a jamais été, il est né en Allemagne, bien des années après que ses parents eurent fui leur pays natal à cause de la guerre civile.

Il y a quelque temps, son père a emprunté à la bibliothèque un livre sur l'Érythrée et il lui a montré les illustrations. Les villages, le paysage et les gens ; Sammy ne connaît rien de tout cela.

Il ne peut pas imaginer vivre dans un village comme celui où sont nés ses parents : sans électricité, sans eau courante à la salle de bains, et même sans salle de bains. Se laver à la fontaine au centre du village, ou à la rivière. Sans parler de la télévision ou du magnétoscope.

Sur ces photographies, les enfants ont la même peau noire que lui. Mais c'est tout ce qu'ils ont en commun. Il ne peut s'imaginer vivre avec eux.

Pourtant, il rêve parfois qu'il est avec ses amis à l'école là-bas et que la porte s'ouvre tout à coup. Le maître accompagné d'un petit garçon blanc aux cheveux roux, le visage constellé de petits points plus sombres, des taches de rousseur.

— C'est notre nouvel élève, dit calmement le maître en montrant le garçon qui se cache timidement derrière lui.

Tout le monde le regarde. Puis on commence à rire.

— Un visage pâle ! crient-ils.

— Hé, tu ne supportes pas le soleil ?

— Tu as une maladie ? Va-t'en, tu vas nous contaminer tous.

Le maître se fâche.

— Comment pouvez-vous traiter comme ça un nouveau petit camarade ?

— Il est tellement marrant, avec sa peau blanche et ses cheveux roux.

— Et ces taches sur le visage, on dirait un pain aux raisins. Tout le monde rit à nouveau. Le petit garçon s'appelle Boris Meier. Lorsqu'ils essaient de prononcer ce nom, c'est de nouveau une explosion de rires.

AFRICA

— Boooriiiiz Maïïeure, tentent-ils d'articuler.

— C'est impossible. Dis donc, ils ont tous des noms aussi tordus, chez toi ?

Tout le monde hurle et s'esclaffe. Au milieu, le petit garçon à la peau blanche baisse les yeux. Il est devenu tout rouge.

Le rêve de Sammy s'interrompt toujours là. Parce qu'il ne peut pas continuer, comme il le souhaiterait vraiment. Il arrive au moment où Sammy voudrait dire à ce Boris, blanc, tout ce qu'il a sur le cœur. Et, à ce moment précis, chaque fois le rêve suit son propre cours. Au lieu de dire ses quatre vérités à Boris, Sammy se lève en rêve, passe le bras autour des épaules du nouveau et dit :

— Il y a une place à côté de moi. Ne fais pas attention aux autres.

Sammy ne parvient pas à rêver d'autre chose. Peut-être parce qu'il sait ce que c'est que de se trouver devant toute une classe qui se moque de vous, parce qu'on est différent.

Chapitre 11

Il a vécu ça, lorsqu'il est arrivé dans la classe, il y a six mois. Ses parents sont venus d'Essen, où ils avaient vécu jusqu'alors. Ils avaient trouvé du travail tous les deux et même un logement ici. Dans les grands immeubles, à la périphérie de la ville. Ce n'est pas beau : beaucoup de constructions, pas beaucoup de verdure, un long trajet pour aller au travail. Mais après avoir cherché en vain pendant des semaines, son père a dit :

— Il faut s'estimer heureux d'avoir seulement quelque chose. On ne peut pas faire les difficiles. Ou la caution est trop élevée, ou l'appartement est déjà loué quand ils voient notre tête.

Une chance en tout cas que l'école de Sammy

soit à deux pas. Sa maman l'y a conduit dès le lendemain matin de leur arrivée pour le mettre entre les mains de madame Pinkepang. Sa nouvelle institutrice lui a paru très gentille. Mais il avait quand même un peu mal au ventre en faisant son entrée dans la classe, derrière elle.

Il se sont tous tus en le voyant. Il a toujours un peu peur de ce moment où il met les pieds pour la première fois quelque part et où tout le monde le regarde avec curiosité. Il lit dans leurs yeux ce qu'ils sont en train de penser :

« D'où vient-il celui-là ? » Et : « Qu'est-ce qu'il vient faire ici ? »

Tandis que les enfants de sa classe le dévisageaient, d'un coup d'œil il repérait qui d'autre était un peu différent. Derrière, à l'avant-dernier rang, il y en avait deux qui avaient des cheveux noirs. Mario et Silvio, qui viennent du Portugal, comme il l'a appris plus tard. Que Marta et Angnieska, les deux petites filles assises au premier rang, étaient originaires de Pologne, il ne l'a pas vu tout de suite. Elles avaient des cheveux blonds et des yeux bleus comme beaucoup d'Allemands. C'est uniquement quand elles parlent qu'on s'aperçoit qu'elles sont d'ailleurs.

Madame Pinkepang a dit alors qu'il fallait qu'il se présente, qu'il raconte d'où il venait et ainsi de suite. Sammy a commencé à parler, mais cela a déclenché tout de suite de gros éclats de rire.

— D'où est-ce que tu viens ? s'est enquis un grand garçon aux cheveux roux, le visage couvert de taches de rousseur. Il s'appelait Boris.

— D'Essen, a répété Sammy.

— Dis donc, ne raconte pas de salades, j'ai un oncle qui habite Essen, il a l'air tout à fait normal.

Toute la classe a ri.

— Je suis né à Essen, a répété Sammy, furieux.

— Ha, ha ! s'est esclaffé Boris, tu peux raconter ça à qui tu voudras. Personne ne te croira. Essen est en Allemagne, et chez nous personne n'a une tête comme toi.

Madame Pinkepang a dû les faire taire pour que Sammy puisse continuer de parler.

— Mes parents sont originaires de l'Érythrée. Ils sont venus ici parce qu'il y avait la guerre. Il y a douze ans qu'ils vivent en Allemagne. Nous habitions Essen. Maintenant mon père a trouvé un travail ici, et ma mère aussi.

Sammy s'est senti soulagé quand l'interrogatoire a été terminé. Madame Pinkepang a regardé où elle allait le placer.

— Voyons, on va voir où on t'installe, a-t-elle dit gentiment à Sammy.

Il y avait justement une place libre à côté de Boris. Il y en avait une autre à côté d'une petite fille. Boris a pris un air horrifié lorsque le regard de madame Pinkepang s'est arrêté sur la place libre à côté de lui.

Il a crié en secouant la tête :

— Je ne le veux pas !

L'institutrice a ouvert la bouche pour réprimander Boris quand la petite fille s'est levée en disant :

— Il n'a qu'à s'asseoir à côté de moi.

Boris a eu un rire méprisant.

— Tu cherches un nouveau petit ami, Sonia, ou quoi ? À ce compte-là, Café au lait débarque à point !

Sur quoi la petite fille a lancé son livre de lecture à la tête de Boris, lequel allait se jeter sur elle, mais a été retenu au dernier moment par madame Pinkepang qui a commencé par le mettre à la porte. En sortant, il a fait un geste de menace, avec le poing, en direction de Sonia.

À la récréation, le tout a naturellement dégénéré en bagarre entre Boris et Sammy.

Personne n'a jamais pu savoir qui l'avait emporté, car le concierge les a séparés et envoyés tous les deux chez le directeur.

Ainsi, le premier jour de classe de Sammy, dans cette école s'est terminé par un saignement de nez, un avertissement du directeur et le début de son amitié avec Sonia.

Chapitre 12

« Café au lait ! » Ce surnom dont Boris l'a affublé dès la première heure lui est resté. Toutefois, seuls Boris et ses amis l'appellent comme ça. Le plus souvent, Sammy s'arrange pour les éviter, après tout il a suffisamment d'autres amis.

Seulement, quand ça devient vraiment pénible, il lance doucement à Boris : « Pain aux raisins ! » Tout doucement, juste pour se décharger la bile, mais sans que Boris l'entende.

Comme au début de toutes les séances d'éducation physique, au vestiaire, Boris recommence sa chanson : « Qui a peur du loup ? » crie-t-il à tue-tête dans la salle, tandis que Sammy enlève son pantalon et que tout le monde peut voir la peau brune de ses jambes.

— Personne ! répondent en chœur les amis de Boris.

— Et s'il vient ?

— On part en courant !

Et ils se mettent tous à courir dans tous les sens entre les portemanteaux, en braillant si jamais, par hasard, ils touchent Sammy.

Entre-temps, Sammy a compris que c'est un jeu traditionnel, au cours duquel personne n'accorde aucune importance à ce que signifient exactement les mots. Normalement, en tout cas. Mais Boris sait bien pourquoi il choisit chaque fois spécialement ce jeu-là.

Combien de fois Sammy ne s'est-il pas promis tout simplement de ne pas écouter. À la maison il prépare des répliques subtiles et audacieuses pour montrer à Boris que tout ça lui est complètement égal et qu'il le trouve complètement puéril.

Mais le lendemain matin, quand ça recommence effectivement, il a la tête vide, et tout ce qu'il avait imaginé est comme balayé de son cerveau.

Il est là, et ça le met en colère, surtout parce qu'il se sent terriblement seul.

Tous les garçons ne se mêlent pas à ce jeu,

non, il n'y en a pas même la moitié dans le camp de Boris, mais les autres restent là et ne font rien. Pit fouille dans son sac de sport, Klaus fait comme s'il parlait d'une affaire capitale avec Sacha. C'est chaque fois la même chose.

Ensuite, lorsque Boris et ses amis sont partis au gymnase en riant, Pit vient souvent voir Sammy et lui passe le bras autour des épaules.

— Ne t'en fais pas, Sammy. On n'en a rien à faire de Boris, dit-il pour le consoler.

Pit est bien, et les autres aussi; et pourtant Sammy aimerait qu'ils ne le soutiennent pas seulement quand tout est fini, mais une fois au moins, ne serait-ce qu'une seule fois, en présence de Boris.

Le problème, c'est qu'ils ont peur de Boris, et du coup ils se taisent dès qu'il est là.

Depuis quelque temps, en sport, même lorsqu'il fait très chaud, Sammy met son survêtement. Il a honte que ses jambes soient si noires.

Il n'a pas parlé de tout ça à Sonia. Elle serait capable de se mettre très en colère, et de toute façon, Boris, elle ne veut pas en entendre parler. Non, Boris, il faut que Sammy s'en débrouille tout seul.

Si seulement il savait comment.

Chapitre 13

Sammy se lève doucement et va dans la salle de bains devant la glace. Il observe d'un œil critique son visage noir. Depuis le petit nez, les yeux noirs, jusqu'aux petites boucles noires.

Un journal est posé sur la table de nuit de sa mère. En première page, on voit la photo d'un petit garçon. Des boucles blondes, la peau blanche, un petit rire insolent. Sammy attrape le journal et se poste à nouveau devant la glace.

Il se compare un moment à l'image du garçon. Puis il prend une crème dans l'armoire de toilette de sa mère et se colle un masque blanc sur toute la figure.

Quelque part, dans le placard, sa mère a aussi son bonnet de bain. Jaune avec des ruches. Tout doucement, pour ne pas réveiller son père, il revient dans la chambre à coucher. Enfin, il a trouvé le bonnet. Devant la glace, il l'enfonce sur ses boucles noires.

Il penche la tête et se regarde. Le maquillage et la coiffure ne font pas exactement l'effet qu'il avait espéré. Il ressemblerait plutôt à un de ces clowns du cirque où il est allé récemment avec Sonia et ses parents.

Le préféreraient-ils ainsi ?

Il secoue la tête. Sonia, ça lui est égal. Et Boris ? S'entendrait-il mieux avec lui s'il avait la peau blanche ?

De toute façon, cette histoire de couleur de peau, c'est quelque chose qu'il ne comprendra jamais très bien. Il y a tant de gens en Allemagne l'été, qui font tout pour avoir la peau la plus brune possible, qui s'exposent pendant des heures sur la plage au soleil, enduits d'une épaisse couche de crème solaire.

— C'est à la mode d'être bronzé. Le bronzage est signe de santé.

Sa mère a essayé de lui expliquer l'été dernier, au bord de la mer du Nord. Il n'a pas vraiment compris. Pour lui, le bronzage, c'est ce qui fait qu'on le remarque partout. Il aurait préféré naître blanc.

Sa mère entre, juste à ce moment-là. Il sur-

saute, car il n'aime pas qu'elle se mêle de ses affaires. Il la regarde d'un air craintif, mais elle n'a pas l'air fâchée. Elle reste simplement interdite et l'observe, effrayée.

Au lieu de le gronder, elle s'approche de lui, lui enlève le bonnet, puis elle prend une serviette et commence à essuyer la crème.

— Aïe, tu me fais mal !

Sammy essaie de se dégager. Elle le retient d'une main, lui serre le bras si fort qu'il pousse un cri de douleur. Elle ne prête pas attention à ses gémissements. Elle lui frotte le visage de plus en plus fort, comme si elle voulait lui arracher la peau. Sammy est bouleversé de voir qu'elle pleure.

Enfin, la crème a disparu jusqu'à la dernière miette. Il a le visage comme une grosse tomate rouge.

— Ne fais plus jamais ça, tu m'entends. Ta peau restera toujours noire, et tu me plais comme ça. Je ne voudrais pas que tu sois blanc. La seule chose importante est de savoir ce qui se passe là, et là-dedans, ajoute-t-elle en lui tapant sur la tête et sur la poitrine, à l'endroit du cœur.

À vrai dire, Sammy n'a plus faim, il a le visage en feu, sa main lui fait mal, mais il suit docilement sa maman dans la cuisine et s'assied à table.

Ce matin, Sammy n'est pas allé à l'école. Il est à côté de sa mère quand elle rédige le mot d'excuse qu'il devra remettre lundi matin à madame Pinkepang :

« Chère Madame,

Sammy a eu hier soir un accident. Il s'est blessé à la main droite. C'est pourquoi il n'a pu venir à l'école aujourd'hui. Je vous prie de l'excuser pour son absence. Avec mes respectueuses salutations. »

Sammy est indigné :

— Comment ça, un accident ? Il faut dire que c'était une agression.

Sa mère secoue la tête et lui donne le papier.

— Laisse, Sammy. Il vaut mieux dire que c'était un accident. Moins tu en parles, mieux ça vaut. Les gens n'aiment pas entendre ce genre d'histoires, parce qu'ils se sentent coupables eux aussi, même s'ils n'ont fait qu'assister. Ils sont nombreux à penser que nous ne devrions pas être ici, tu comprends. Que nous ferions mieux de retourner dans notre pays au lieu de prendre le travail et les logements aux gens d'ici. Ils sont très nombreux à penser ça. Mais ils ne sont pas nombreux à lancer des pierres. Il faut toujours garder ça présent à l'esprit.

— Et moi ? Il est où mon pays ? D'où est-ce que je suis ?

Elle lui caresse la tête.

— Tu es d'ici, Sammy. D'ici. Tu es né ici.

Il regarde sa main d'un air méditatif. Il est d'ici. Il l'a cru lui aussi ? Sinon, d'où pourrait-il bien être ?

Mais, depuis hier soir, il n'en est pourtant plus aussi sûr.

Chapitre 14

Tandis que Sammy se languit dans sa chambre, à la maison, sans trop savoir que faire de sa journée de libre, il ne peut pas se douter que ce matin, à l'école, il y a déjà eu une bagarre à son propos.

Sonia s'est battue avec Boris.

Résultat : un saignement de nez, une morsure que le concierge a traitée à la teinture d'iode, et un débat ouvert par l'institutrice l'ensemble de la classe.

Tout a commencé avant la première heure. Quand Sonia est entrée dans la salle de classe, Boris était monté sur une table et décrivait en gesticulant dans tous les sens ce qui s'était passé la veille au soir.

— J'aurais voulu que vous voyiez ça ! Ils

sont arrivés d'abord avec les flambeaux, puis ils ont lancé des bombes incendiaires. Et de la peinture rouge qui a dégouliné sur les façades. (Boris s'esclaffait.) On aurait dit du sang.

Les autres étaient rassemblés autour de lui et l'écoutaient.

— Tu aurais pu m'appeler ! s'exclame Timo tout excité. J'aurais bien aimé voir ça moi aussi.

— J'en ai entendu parler ce matin aux informations, intervient Marta.

Sonia s'est assise à sa place en tournant le dos à Boris. Elle est indignée de l'entendre raconter ce qui s'est passé la veille au soir comme si ce n'était qu'une anecdote intéressante.

Lorsque Boris a vu Sonia, il a interrompu son récit, pour lui lancer :

— Et alors, il est où, ton ami ? Il a peur, hein ?

Alors, Sonia s'est levée, elle s'est dirigée vers Boris et elle lui a craché à la figure. Comme ça, sans un mot.

Boris est resté un moment sans voix, ensuite il a sauté de la table et il s'est jeté sur elle.

Lorsque la maîtresse est arrivée, Sonia

avait mordu Boris à la main droite, et il lui avait donné un coup de poing sur le nez.

— Qu'est-ce qui se passe ?

Grand silence. Puis ils se sont mis à jacasser tous en même temps.

Madame Pinkepang a dû crier pour se faire entendre. Pour commencer, la dictée a été repoussée à la fin de la matinée, et Boris envoyé chez le concierge chercher un pansement. Ensuite, elle s'est occupée de Sonia, lui a appliqué l'éponge du tableau mouillée sur la nuque, et elle a essuyé le sang sur son visage.

— Vous avez besoin de toujours vous battre ?

Sonia regardait par la fenêtre et se taisait. Lorsque Boris est revenu, quelques instants après, le saignement de nez était terminé aussi.

— Bon, maintenant on va essayer de voir calmement ce qui s'est passé. Mais dans le calme et chacun son tour.

— Elle m'a craché dessus, cette vache.

C'était Boris, qui sentait sur sa plaie la brûlure de la teinture d'iode. En plus, le concierge s'était moqué de lui lorsqu'il lui avait dit avec qui il s'était battu.

— Toi alors ! Si tu te laisses mordre par une fille !

Boris était donc hors de lui. Il était d'autant plus furieux qu'il ne l'avait pas vraiment très clairement emporté sur Sonia. Un match nul, avec une fille, c'était quand même un peu vexant.

— Il s'est moqué de Sammy.

Peu à peu, l'histoire de la veille avec les pierres et les vitres cassées est ressortie tout entière.

Boris a raconté la façon dont il l'a vécue.

— J'étais dans ma chambre, quand j'ai entendu du bruit dehors. Mon père et moi, on a regardé par la fenêtre. Après, on est sortis sur le balcon, parce qu'on voyait mieux.

« Les types chantaient en brandissant leurs drapeaux. Puis ils ont lancé des pierres et il y a eu des vitres cassées.

« Mon père m'a dit qu'ils cassaient les vitres des immigrés, parce qu'ils voulaient qu'ils retournent dans le pays d'où ils étaient venus. Parce qu'on ne sait plus quoi en faire.

— Et vous, vous avez fait quoi alors ? a demandé l'institutrice.

— Rien, a dit Boris. On n'a rien fait du tout.

— Tu mens, lui a crié Sonia. Tu es resté là, et tu as regardé.

— C’est bien ce que je dis, a hurlé Boris à son tour. On n’a rien fait ! On n’a pas lancé de pierres. Celui d’au-dessus a applaudi. Mais moi non, et mon père non plus.

— Regarder sans rien faire, c’est exactement pareil.

Boris ne voulait pas en convenir. Mais la maîtresse a donné raison à Sonia.

— Celui qui reste là, et regarde, soutient déjà ceux qui lancent les pierres. Par la pensée, il jette des pierres aussi. Seulement, il n’ose pas le faire réellement.

« Et comme il y a beaucoup de gens qui restent là, à regarder, ça encourage les casseurs. Ils sentent que les spectateurs sont de leur côté.

— Mais qu’est-ce que vous vouliez qu’on fasse ? a demandé Boris.

L’institutrice a posé la question de Boris à toute la classe.

— Il aurait pu aller chez Sammy.

— Mon père ne l’aurait jamais permis.

— Ou appeler, pour savoir s’il avait besoin d’aide.

— Ton père aurait pu t’accompagner.

— Si tout le monde avait crié « Ouh ! » ou « Allez-vous-en ! », ils auraient peut-être battu en retraite.

— Nous étions sur le balcon aussi, mais après ma mère a appelé la police.

C'était Frauke, qui tenait brusquement beaucoup à ce que ses petits camarades sachent bien qu'elle ne s'était pas contentée de rester là et d'observer. Et que sa mère avait fait quelque chose.

— Tu ne savais pas qu'ils avaient cassé aussi la fenêtre de Sammy ? a demandé Sven à Boris.

Là, pour la première fois, il a été un peu gêné. Il s'est mis à bégayer en devenant tout rouge. Il n'a plus eu besoin de rien dire. Tout le monde était au courant que Boris ne pouvait pas voir Sammy.

Boris était le premier de la classe, depuis toujours, depuis le cours préparatoire. Il était très bon en math et en allemand, excellent en football et à la course, et même en musique il comptait parmi les meilleurs. Il prenait des cours de piano depuis des années. Pour les fêtes scolaires et les fêtes de Noël, lorsque les élèves récitaient des poèmes devant les parents, ou qu'ils faisaient de la musique, ses numéros étaient le clou de la représentation.

Tout le monde le reconnaissait dans la classe, et par conséquent il était délégué des élèves pour les garçons. Jamais il n'avait eu de concurrent sérieux, mis à part Sonia, déléguée de classe pour les filles, mais aux yeux de Boris elle ne comptait pas tellement, parce que après tout ce n'était jamais qu'une fille.

Puis Sammy était arrivé. Jamais Boris n'aurait pu imaginer que justement Sammy risquerait de compromettre son statut de premier de la classe. Lorsque au contrôle de mathématiques suivant, Sammy avait eu zéro faute comme lui, il avait cru que c'était un hasard. Mais qu'ensuite Sammy fasse aussi zéro faute en dictée, et qu'en rédaction il ait même obtenu une meilleure note que Boris, ce dernier ne s'en était pas remis.

Et les parents de Boris encore moins.

— Tu ne vas quand même pas te laisser dépasser par quelqu'un comme ça, avait dit le père de Boris lorsqu'il avait appris que son fils n'avait pas eu la meilleure note. Il écrirait l'allemand mieux que toi ? J'ai vu ses parents, à l'école. Ils sont africains. Comment leur fils écrirait-il de meilleures rédactions que toi ? S'il te plaît, fais un petit effort !

— Sammy est né à Essen. Il parle allemand aussi bien que nous, avait grommelé Boris.

Mais ses parents ne mangeaient pas de ce pain-là. Ils exigeaient tout simplement de leur fils qu'il obtienne de meilleures notes que cet étranger.

Boris avait donc déchargé sur Sammy la colère qu'il éprouvait contre ses parents. Il avait caché le sac de sport de Sammy et, pire encore, il avait glissé le taille-crayon de Sven et la règle d'Ania dans le cartable de Sammy.

Il s'était vite révélé que le coupable était Boris, mais Sammy avait vécu quelques heures désagréables au cours desquelles il était passé pour un voleur.

Chapitre 15

Et puis ce qui s'était passé pour l'orchestre, ça avait été la fin de tout. La classe avait formé un orchestre, dont ils étaient tous très fiers. Ils avaient même remporté le concours de l'école et répétaient pour la sélection entre toutes les écoles de la ville. Le premier prix, offert par une grande banque, était un séjour d'une semaine au bord de la mer du Nord pour toute la classe.

Ils voulaient coûte que coûte remporter ce prix, et ils se préparaient depuis des semaines à ce grand jour.

L'une des principales conditions d'inscription était que tous les élèves de la classe, filles et garçons, participent. Par chance, un certain nombre faisaient de la flûte, et deux jouaient de la guitare. Pour les autres, madame Pinkepang avait rassemblé toutes sortes d'instruments, crécelles, percussions, xylophones, petits et gros tambours, triangles, de manière à ce que vraiment tout le monde participe.

Bien sûr, c'était Boris qui interprétait les principaux passages au piano, car personne ne pouvait se douter que Sammy jouait aussi du piano. Seulement un après-midi où Boris était absent à une répétition et où madame Pinkepang cherchait désespérément un remplaçant – parce qu'elle-même devait diriger l'orchestre –, Sammy s'était proposé.

— Tu joues du piano? avait-elle demandé tout étonnée.

Et comment! Il avait même joué du premier coup sans se tromper, alors que c'étaient des morceaux qu'il n'avait jamais vus.

À son retour, pour la répétition suivante, Boris avait eu une mauvaise surprise. Il jouait bien, comme nous l'avons dit, mais Sammy jouait encore mieux. Même les amis de Boris étaient forcés d'en convenir. Et pour le concours il leur fallait le meilleur.

Boris ne pouvait pas y croire. Il manquait une fois, et Sammy prenait sa place au piano.

Madame Pinkepang avait trouvé un compromis : les deux morceaux les plus faciles, Boris les jouerait. Le morceau long, très difficile, Sammy allait l'apprendre.

Boris avait bien dû l'admettre, mais il ne l'avait pas pardonné à Sammy.

C'est pourquoi la plupart des élèves pensent ce matin-là que Boris a même dû être content qu'on casse les fenêtres de Sammy.

— C'est qu'il y a trop d'étrangers. Ils sont tous complètement différents. Mon père dit qu'ils n'ont rien à faire ici. Et de son plein gré, aucun ne s'en ira. Ils nous prennent le travail, et les logements. Et ma tante ne trouve pas de place pour sa fille à la maternelle. Alors que la Turque de l'immeuble voisin en a trouvé tout de suite pour ses six enfants, d'après ce qu'elle nous a dit, avait repris Boris.

L'institutrice l'a laissé parler. Puis elle est allée à la fenêtre et elle s'est penchée à l'extérieur. Quand elle s'est redressée, elle tenait à la main une grosse pierre. Elle s'est dirigée vers Boris, lui a pris la main et y a déposé la pierre.

— Il ne s'agit pas de travail et de logements, Boris. Et pas non plus de places à la maternelle. D'un côté, je comprends ton père et ta

tante. Mais on parle de pierres. De pavés qui ont été lancés sur des gens.

— Je n'en ai pas lancé ; je n'ai fait que regarder, comme les autres.

— Mais tu étais content. Tu sais très exactement où habite Sammy, a crié Sonia hors d'elle.

Lorsque la récréation a sonné, Boris a laissé tomber la pierre par terre comme si elle lui brûlait les doigts et il a couru aux toilettes où il est resté enfermé jusqu'à la fin de la récréation.

Chapitre 16

Et, par-dessus le marché, voilà qu'à la sortie Madame Pinkepang demande à Boris de venir à son bureau. Elle attend que tous les autres soient partis, puis elle lui dit :

— Tu habites tout près de chez Sammy. Tu lui apporteras les devoirs du soir, s'il te plaît, et tu lui expliqueras ce qu'on a fait en mathématiques.

Boris ouvre des yeux effarés.

— Moi ? demande-t-il épouvanté. Moi, vous voulez que j'y aille ? Pourquoi pas Sonia ? De toute façon, elle est tous les jours fourrée chez lui.

Madame Pinkepang lui adresse ce regard qu'elle a toujours quand elle n'est plus disposée à admettre la moindre repartie.

Habituellement, on peut discuter avec elle. Mais il y a des cas où ce que pensent les élèves lui est tout à fait égal. Elle impose sa volonté.

Et nous sommes précisément dans un de ces cas-là. Boris le sent très bien.

Donc il prend sa respiration et souffle très fort. Intérieurement, il éprouve une fureur terrible contre Sammy et Sonia, et contre madame Pinkepang ; et toute cette classe, il n'en a rien à faire !

Mais il sait aussi qu'il ne lui reste pas d'autre solution que de ramasser ses affaires et de passer chez Sammy. Pour manifester sa révolte, il donne un grand coup de pied dans un berlingot de lait qui vole à l'autre bout de la classe, ce dont madame Pinkepang ne semble bizarrement même pas prendre note.

Il ne prête pas attention à ses amis qui l'attendent devant la porte. Il passe devant eux en courant et va tout droit à l'endroit où sont garés les vélos. Là, comble de bonheur, il tombe sur Sonia. Un instant, il hésite à lui demander. Elle ira de toute façon chez Sammy aujourd'hui. C'est de la pure provocation de la part de madame Pinkepang de l'y envoyer, lui.

Mais comme Sonia ne lui accorde pas un

regard, qu'elle se comporte comme s'il n'existait pas, il préférerait se mordre la langue que la suivre pour lui demander.

Jamais Boris n'a mis aussi longtemps qu'aujourd'hui pour rentrer à la maison. Il n'y a eu que la fois où il avait raté son contrôle ; il n'était pas pressé d'annoncer le cinq à sa mère.

Il traverse la cour, met son vélo à la cave, se retrouve devant la porte, ne sachant pas très bien s'il y va tout de suite ou s'il attend l'après-midi.

Puis il décide de s'en débarrasser. Il court chez Sammy et sonne.

Chapitre 17

Sammy ouvre la porte; à voir la tête qu'il fait, Boris aurait presque envie de rire. Manifestement cette visite est aussi désagréable à Sammy qu'elle l'est à Boris lui-même. L'accueil est donc aussi inamical qu'on pouvait s'y attendre.

— Qu'est-ce que tu viens faire ici?

Sammy referme presque la porte, ne laissant qu'une petite fente par laquelle il regarde Boris d'un air méfiant.

— Ne t'imagine surtout pas que je sois venu de moi-même. C'est madame Pinkepang qui m'envoie. Pour les devoirs.

Sammy n'esquisse toujours pas le moindre geste pour laisser entrer Boris. Il ne veut pas le faire entrer.

— Les devoirs, pas la peine d'en parler, je ne peux pas écrire.

Sammy entrouvre un peu la porte, pour que Boris puisse voir sa main enveloppée d'un gros pansement. Boris se sent très mal à l'aise, en même temps qu'il est un peu soulagé. Si Sammy ne peut pas écrire, Boris, lui, peut s'en aller. Il a déjà tourné les talons quand il repense aux mathématiques. Madame Pinkepang l'a chargé d'expliquer les exercices à Sammy. Et, telle qu'il la connaît, elle sera fâchée s'il s'en va sans l'avoir fait.

On peut expliquer sans que Sammy ait besoin d'écrire, dira-t-elle. Oh, il est dans une telle rage contre son institutrice ! ...

Il respire profondément et reprend la parole :

— J'étais censé t'expliquer les maths.

— Aujourd'hui, je suis malade. Je n'ai pas à faire de maths.

Sammy allait claquer la porte quand sa maman apparaît dans l'entrée ; elle entend les derniers mots. Elle pousse Sammy sur le côté, ouvre grande la porte et salue aimablement Boris.

— Tu es un camarade de classe de Sammy ? C'est gentil de lui apporter les devoirs. Pourquoi est-ce que tu ne le fais pas entrer ?

demande-t-elle à Sammy sur un ton de reproche. Alors qu'il s'est donné cette peine.

— De son plein gré, lui, il ne serait pas venu. En plus on n'a pas de devoirs à faire quand on est malade.

— C'est une idée à toi ! Il peut au moins t'expliquer ce qu'ils ont fait.

— Sonia va venir après. Elle me l'expliquera beaucoup mieux. Je suis sûr que Boris sera ravi de pouvoir s'en aller.

Cette fois, sa mère est vraiment fâchée. Elle lui lance un regard courroucé et invite Boris à entrer au salon ; elle va lui chercher un verre d'Orangina, bien qu'il ait dit qu'il ne voulait rien, et pose sur la table la bouteille avec des petits gâteaux.

— Voilà, dit-elle gentiment pour finir. Et maintenant, travaillez bien.

Tout ça est très embarrassant pour Boris. Il est rouge comme une tomate et transpire atrocement. L'amabilité de la mère est encore pire que l'hostilité de Sammy. Car, en fait, c'est Sammy qui a raison. Jamais il ne serait venu si madame Pinkepang ne l'y avait contraint.

Tout en grignotant un biscuit après l'autre, pour dissimuler son embarras, Boris jette un regard curieux autour de lui.

Le salon est presque comme celui qu'il a

chez lui : des meubles en pin clair, une bibliothèque murale. Sur la table, un vase de fleurs. Il y a même la chaîne stéréo, munie d'énormes enceintes, et le téléviseur avec un magnétoscope.

Sammy, qui observe avec méfiance le moindre mouvement de Boris, interrompt assez brutalement sa réflexion :

— Tu cherches quelque chose de précis ? Je peux t'aider ? Tu veux savoir ce qu'il y a dans les placards ?

Si Boris n'était pas déjà écarlate, il le serait devenu.

De plus en plus gêné, il répond :

— Chez toi, ça ressemble à chez moi. Je veux dire...

— Tu t'attendais à quoi ? Tu aurais voulu que ça ressemble à quoi ?

À quoi s'attendait-il, à vrai dire ? À voir des masques africains ? À ce que ça sente une odeur d'herbes exotiques ? À ce que la mère de Sammy ne parle pas bien allemand ? Boris lui-même ne sait pas exactement.

Son père dit toujours : « Ces immigrés sortent tous de la brousse, surtout les Noirs. On les installe dans des appartements, alors qu'ils n'ont jamais utilisé de toilettes avec une chasse d'eau, sans parler d'un réfrigérateur et d'un chauffe-eau. Je voudrais que vous voyiez à quoi ça ressemble au bout de trois semaines. Le réfrigérateur fichu, les toilettes bouchées. Et c'est à nous de nettoyer tout ça. Bien sûr, aux frais de l'État. »

Le père de Boris travaille dans une petite entreprise d'électricité qui assure pour les services d'assistance sociale l'entretien des foyers de réfugiés et des logements sociaux.

En tout cas, papa serait étonné, pense Boris, s'il voyait cet appartement. Discrètement, il passe un doigt sur la table. Pas un gramme de poussière, alors que sa mère prétend toujours que tout est sale et en désordre dans ces appartements.

— Alors ? demande Sammy qui commence à s'impatienter, tu es venu pour manger, ou quoi ?

De la main gauche, il scande du bout des doigts un rythme de marche sur la table, tout en observant Boris.

Celui-ci avale rapidement le dernier biscuit et sort le cahier de mathématiques de son cartable. Il explique les nouveaux exercices aussi vite que possible, au point que Sammy a du mal à suivre.

— J'aurais rattrapé ça à la prochaine leçon, conclut Sammy, une fois que Boris a refermé son cahier. Tu n'avais pas besoin de venir juste pour ça.

Boris est bien de cet avis. Les exercices n'étaient pas tellement difficiles, et après tout Sammy est avec Boris le meilleur de la classe en math.

De toute façon, ce n'était pas son idée de venir ici. Il a compris tout de suite que l'institutrice faisait ça pour l'embêter. Mais il ne peut pas le dire à Sammy, ou alors il faudrait lui raconter tout depuis le début, la bagarre avec Sonia, puis la discussion en classe, et ça, Boris ne veut pas.

Il se lève et ramasse vite son cartable.

— Tu reviens lundi ? Je veux dire, à cause de ta main ? ... Tu as encore mal ? ...

Sammy ne répond pas. Il cache sa main bandée derrière son dos et attend que Boris s'en aille enfin.

La mère de Sammy est dans l'entrée. Elle raccompagne Boris à la porte en le remerciant encore.

— Reviens, ajoute-t-elle. Je suis sûre que Sammy sera content.

De moi-même, jamais, pense Boris, une fois qu'elle a refermé la porte derrière lui. La mère est très bien, mais Sammy... En tout cas, c'est terminé.

Sammy voit par la fenêtre Boris traverser la cour et regagner l'immeuble d'en face. De colère, il donne un grand coup de pied dans le radiateur. Sa mère, qui le regarde stupéfaite, l'attrape par le bras et le tourne vers elle.

— Maintenant, écoute-moi s'il te plaît. Je comprends que tu sois de mauvaise humeur, parce que tu dois rester à la maison. Et je comprends que ta main te fasse mal. Mais ce n'est pas une raison pour être aussi impoli avec ton ami. Après tout, il s'est quand même donné la peine de venir chez toi après l'école pour t'expliquer les devoirs. Estime-toi heureux d'avoir de bons petits camarades comme ça.

— Peuh ! fait Sammy avec mépris. Il était forcé de venir. C'est madame Pinkepang qui l'a envoyé, tu paries ? On fait toujours comme ça quand quelqu'un est malade. En plus, ce n'est pas mon ami.

Il a prononcé la dernière phrase d'un air tellement en colère que sa mère le regarde avec étonnement.

— Mais, écoute. Il est très gentil. Qu'est-ce que tu as contre lui ?

Furieux, Sammy bouscule sa mère.

— Tu n'en as aucune idée ! hurle-t-il ; puis il se précipite dans sa chambre et claque la porte derrière lui.

Chapitre 18

À la même heure, le père de Boris est sur un chantier avec ses collègues ; c'est la pause de midi. Unique sujet de conversation ce jour-là : sa photo dans le journal !

C'est effectivement une photo réussie. On le voit en gros plan, dans la cour, la poubelle à la main. Il regrette un peu que la poubelle soit aussi sur la photo. Tout le monde n'a pas besoin de savoir que tous les soirs il descend les ordures.

À côté de la photo, en caractères d'un centimètre de haut, une phrase tirée de ce qu'il a dit au journaliste :

LES PAVÉS, C'EST UNE ERREUR,
MAIS AU MOINS ÇA FAIT DE L'EFFET

Ses collègues lui tapent sur l'épaule :

— C'est bien, ce que tu as dit là. Raconte.

Et il raconte qu'il était devant la télévision, le soir, entouré de sa famille, quand les jeunes sont arrivés avec leurs flambeaux.

Ses collègues l'entourent et opinent du chef.

— On ne peut pas tolérer que les gens viennent chez nous en masse d'Afrique, de Pologne, de Russie, du Sri Lanka.

— Il a raison, renchérit l'un d'eux. Quand tu traverses certains quartiers, il y a des rues où tu te croirais à Istanbul. Des femmes avec des foulards, des magasins turcs, des hommes au regard noir. Ma femme, le soir, elle évite certaines rues, elle fait un grand détour plutôt que d'y passer.

Au bas de l'article figure une autre photo en petit format. Un petit garçon avec des boucles noires et la peau basanée apparaît dans l'encadrement d'une fenêtre dont la vitre est brisée. Il regarde au-dehors de ses grands yeux épouvantés.

Le père de Boris marque un temps d'arrêt, regarde de plus près. Ce petit garçon, il lui semble bien le connaître.

— Dans la classe de mon fils, ils sont quarante pour cent d'immigrés, comment voulez-vous que les enfants apprennent correctement l'allemand ?

Tandis que ses collègues poursuivent activement la discussion, le père de Boris médite sur cette photo. Ce petit garçon n'est-il pas dans la classe de Boris ? Il s'appelle Sammy ou quelque chose comme ça. Les parents étaient à la dernière réunion. Des gens gentils. Et leur fils travaille très bien à l'école, il fait directement concurrence à Boris, même en rédaction.

— À quoi penses-tu, Franz ?

Le père de Boris sursaute.

— Tu ne crois pas qu'on a raison ?

— Si, si, je suis bien d'accord avec vous. Il sont devenus trop nombreux !

Il met le journal de côté et reprend son travail. Tout en posant du gros câble sur le sol, il s'efforce d'oublier le visage de Sammy regardant par la vitre brisée.

Mais il n'y parvient pas. Qu'est-ce que cet enfant a bien pu penser quand il a vu en bas ces gens avec les flambeaux ? A-t-il compris pourquoi ils avaient jeté le pavé contre sa fenêtre ? Les a-t-il vus, Boris, et lui, sur leur balcon ?

Si seulement il s'était douté qu'un enfant, un petit camarade de Boris était là-haut, il y serait allé, il lui aurait porté secours. On dit même qu'il y a eu le feu.

Y serait-il vraiment allé ?

Le père de Boris se secoue pour se débarrasser de ces pensées, il se secoue comme un chien mouillé pour se débarrasser de l'eau. Il se sent un peu mal à l'aise parce qu'il ne peut pas répondre à cette question par un « Oui ! » clair et net.

Chapitre 19

Il fait déjà sombre quand le père de Boris rentre chez lui, le soir. Il traverse la cour rapidement, les yeux rivés au sol. Il ne veut pas voir l'immeuble avec les vitres brisées.

Un couple de voisins l'accueille déjà de loin en faisant de grands signes.

— Monsieur Meier ! Vous avez lu le journal ? Vous y êtes en gros sur la photo. Félicitations !

Le père de Boris a un sourire un peu crispé.

— Merci, je l'ai vu. La photo est bonne, c'est vrai !

Il voudrait poursuivre son chemin, mais le voisin le retient.

— Et, entre nous, ce que vous avez dit, c'est absolument ce que je pense. Mais qui a le courage de le dire ouvertement? Mes respects! Il fallait que ça soit dit.

Le père de Boris prend vite congé.

Brusquement un enfant arrive en courant dans l'autre sens, le heurte et tombe.

Effrayé, il se penche pour aider le petit garçon à se relever. Et ils se regardent. Sammy a un mouvement de recul en reconnaissant le père de Boris. Monsieur Meier aussi reste sans voix. L'enfant qui était sur le journal!

— Tu t'es fait mal?

Sammy secoue la tête.

— Qu'est-ce que tu fais dehors à cette heure-ci? La nuit est tombée. À ta place je ne me promènerais pas par là.

Sammy le regarde de ses grands yeux sombres. Ils pensent tous deux la même chose. Si les jeunes revenaient, qui sait ce qui pourrait lui arriver?

Quelle horreur! pense le père de Boris. Qu'un enfant, si jeune, doive vivre dans la peur, uniquement parce qu'il a la peau noire.

— Rentre plutôt à la maison, dit-il doucement. C'est... trop dangereux. Si jamais ils revenaient...

Sammy fait «non» de la tête. Il se dirige vers les conteneurs et se met à fouiller.

Monsieur Meier l'observe, complètement ébahi. Enfin, alors que la moitié du contenu de la poubelle est déjà répandu sur le sol, Sammy pousse un cri de triomphe. Il brandit un ours en peluche qu'il vient d'extraire des ordures.

Monsieur Meier fait une grimace de dégoût. L'ours est couvert de ketchup et de restes de pizza.

— Dis donc, il n'a pas bonne mine.

— Il a reçu une bombe incendiaire, répond doucement l'enfant. Il a brûlé. Et mon père l'a jeté.

Ils examinent ensemble l'ours à qui ce séjour dans la grande poubelle a donné le coup de grâce. L'homme voit les larmes qui coulent sur les joues de l'enfant. Tout à coup, Sammy rejette l'ours dans la poubelle, ramasse à deux mains les ordures et les entasse par-dessus. Puis il part en courant, sans un mot; il rentre chez lui.

Le père de Boris le suit des yeux. Une fois que Sammy a disparu derrière la porte, il regarde le conteneur d'un air pensif, prend son souffle, pose son porte-documents par terre et se met à son tour à vider la poubelle.

Du bout des doigts il en sort les restes de nourriture, les papiers et autres détritus, et il dépose tout à côté. Il s'en dégage une odeur presque insoutenable.

Par-dessus le marché arrive juste à ce moment-là le voisin qui vient vider sa poubelle. Il fait une drôle de tête en voyant monsieur Meier penché sur la grande poubelle.

— Je peux vous aider? Vous avez perdu quelque chose?

Le père de Boris sursaute. Heureusement, il fait noir, sans quoi l'autre aurait pu voir son visage devenir rouge écarlate.

— Merci-i-i-i... Merci beaucoup, bredouille-t-il, ce n'est pas la peine. J'ai euh... j'ai laissé tomber dans la poubelle une cuillère en argent, vieil héritage de ma belle-mère.

— Alors, bonne continuation, lui souhaite le voisin, qui repart.

Le père de Boris pousse un soupir de soulagement. Et tout ça à cause de cet ours crasseux! Si ses collègues le voyaient! Il vaut mieux ne pas y penser!

Enfin, il l'a trouvé. Il l'extirpe avec dégoût des filtres à café brunâtres et des restes gluants. Il tient l'ours le plus loin de lui qu'il peut, entre le pouce et l'index, coince le porte-documents sous son autre bras et pénètre dans l'immeuble par l'entrée des caves.

À la buanderie, il commence par mettre l'ours sous le robinet et le frotte énergiquement avec beaucoup de poudre à laver pour enlever les restes de nourriture. Ensuite, il va chercher dans sa boîte à outils une pince et une paire de petits ciseaux, et il se met à l'ouvrage. Soigneusement il coupe un à un les poils brûlés. Pour finir, l'ours a l'air de sortir de chez le coiffeur, il lui a fait une coupe au rasoir.

Il ne reste plus qu'à le suspendre à la corde avec deux pinces à linge. D'ici à demain, il sera sec.

Mort de fatigue, mais content de lui, le père de Boris rentre chez lui où sa femme l'accueille un peu froidement. Il parle confusément d'un travail important et d'heures supplémentaires.

Plus tard, il lui racontera l'histoire de l'ours. Pour l'instant, il est trop fatigué pour arriver à lui faire comprendre pourquoi il fallait à tout prix qu'à une heure pareille il fouille la poubelle pour retrouver un ours en peluche couvert de saletés et que, sa journée de travail terminée, il passe ses précieuses heures de liberté à décrasser cet ours dans la buanderie.

Chapitre 20

Le lundi matin, dans un premier temps, pour Boris, le monde est à nouveau en ordre. Il est le centre de toute la classe. Quelques-uns des élèves ont lu pendant le week-end dans le journal le compte rendu où figuraient les déclarations de son père.

Sven a apporté le journal ; la moitié de la classe est rassemblée autour de son bureau pour voir le père de Boris dans le journal.

C'est alors que Sammy entre. Le silence se fait immédiatement. Tout le monde regarde le bandage blanc autour de sa main qu'il s'empresse de cacher derrière son dos.

Tandis que les autres regagnent leur place d'un air faussement détendu, Sven fourre en toute hâte le journal dans son cartable.

Sammy qui, de minute en minute, se sent de plus en plus mal à l'aise décide brusquement de rentrer chez lui. Il ne peut tout simplement plus supporter cette façon qu'ils ont tous de le regarder. Pourtant la journée avait si bien commencé…

Ce matin, en ouvrant la porte de l'appartement, il a trouvé son ours en plein milieu du paillasson. Tout d'abord, il ne l'a pas reconnu, parce qu'il était complètement tondu. Quelqu'un l'avait lavé et avait coupé tous les poils brûlés. Autour du cou, il portait un ruban sur lequel était inscrit :

« Tout le monde ne jette pas de pavés ! »

La journée commençait donc bien. Mais maintenant… Il est presque arrivé à la porte de la classe, lorsque Sonia l'attrape par le bras et le ramène vers les autres. Ils sont tous plantés là, sans trop savoir quoi dire.

— Ça te fait mal ? finit par demander Daniel.

Sammy fait « non » de la tête.

— Tu en as de la chance, tu seras dispensé des prochains contrôles.

C'est Anna qui vient de parler, mais elle devient toute rouge quand Sacha lui fait signe qu'elle est folle.

— Tu es malade, comment tu peux dire ça ?

lui lance-t-il en se détournant d'elle, furieux. Alors qu'elle a juste essayé de dire quelque chose pour sortir de cette situation embarrassante.

Ce matin, ils sont tous enchantés que madame Pinkepang arrive enfin et que les leçons commencent. Elle non plus ne veut pas parler de ce qui s'est passé la semaine dernière. Elle se contente de dire :

— C'est bien que tu sois de nouveau là, Sammy, et elle ne demande même pas de mot d'excuse pour le vendredi précédent.

Du reste, Sammy ne lui aurait de toute façon pas remis ce mot d'excuse de sa mère. Il l'a déchiré en mille morceaux et jeté dans la corbeille à papier de la cour de l'école.

Après la récréation, ils ont sport. En passant devant le vestiaire des garçons, ce matin-là, madame Pinkepang n'en croit pas ses oreilles. Elle entend une voix claire crier :

— Qui a peur du grand méchant loup ?

— Personne, répondent plusieurs autres.

— Et s'il vient ?

— On court !

Suit un mélange de piétinements et de cris.

Tout doucement, pour que personne ne la voie, elle ouvre la porte du vestiaire et observe ce qui se passe. Un groupe d'élèves fait une ronde d'Indiens en sautant autour de Sammy qui se protège le visage de ses mains. En même temps, les autres lèvent et abaissent les bras en poussant des cris perçants.

Madame Pinkepang claque la porte violemment. Le heurt est si fort que les portemanteaux vacillent. Les danseurs au contraire s'immobilisent instantanément, comme cloués sur place. Il règne un silence de mort dans le vestiaire.

— Qui a commencé ?

Elle pose la question d'une voix très basse, mais à chaque mot on perçoit sa colère.

Silence. Enfin, une petite voix.

— Boris. C'est un jeu. On le fait toujours quand on va en sport.

Immédiatement, celui qui a parlé reçoit des coups de coude de tous les côtés. Comme il ouvre encore la bouche pour ajouter quelque chose, il reçoit un coup si violent qu'il perd l'équilibre et tombe, en entraînant quelques autres avec lui.

— Boris ! Encore Boooris ! s'exclame madame Pinkepang dans ce désordre. Elle est à bout de patience.

Mais, à sa grande surprise, Boris ne se trouve pas dans le groupe, il sort d'un des coins de la pièce, le visage blême.

Il passe devant ses amis qui n'osent pas le regarder, bien qu'habituellement ils ne soient pas si lâches. Il faut dire qu'ils n'ont jamais vu madame Pinkepang aussi en colère qu'aujourd'hui.

Mais avant même qu'elle ait pu dire quoi que ce soit à Boris, Sammy prend la parole :

— Aujourd'hui, il n'y était pas. Il est resté assis dans le coin tout le temps.

Madame Pinkepang regarde Sammy d'un air pensif. Est-ce qu'il dit la vérité ? Ou bien est-ce qu'il a peur que Boris ne se venge d'une manière ou d'une autre sur le chemin du retour si elle le punit maintenant de s'être moqué de Sammy ?

— Bon, dit-elle enfin, si Sammy le dit, je veux bien le croire. Mais à l'origine, c'est toi, non ?

Boris acquiesce. Il baisse les yeux. C'est très bien de la part de Sammy, d'être intervenu, pourtant Boris ne peut s'empêcher de penser qu'il aurait préféré que ce soit un autre.

— Et les autres ont suivi ! Ce n'est pas beaucoup mieux. On en reparlera. Maintenant, au gymnase !

Ils sont tout étonnés de pouvoir jouer au ballon prisonnier toute la séance. Ils s'attendaient, au minimum, à ce que madame Pinkepang les fasse monter sur la poutre. Un des agrès dont ils ont horreur, surtout les garçons.

Mais madame Pinkepang s'estime heureuse de laisser sa classe jouer. Ce qui s'est passé au vestiaire ne peut pas lui sortir de l'esprit. Ses élèves étaient pourtant bien tous tombés d'accord la semaine dernière qu'on ne jetait pas de pierres sur les gens. Et maintenant, voilà qu'ils se bombardent non pas avec des pierres, mais avec des mots.

Enfin, la cloche sonne. Madame Pinkepang se précipite dans la salle des professeurs, peut-être l'un de ses collègues saura-t-il la conseiller, lui dire que faire avec cette classe.

Chapitre 21

À midi, lorsque Sammy rentre de l'école, sa mère est encore là ; son père est parti faire des courses en ville. Elle lui sert son repas à table.

— Tu as des projets cet après-midi ?

Il secoue la tête en espérant qu'elle ne pose pas d'autre question.

— Vous ne répétez pas aujourd'hui ?

— Je n'y vais pas. Qu'est-ce que j'irais faire ? Je ne peux pas jouer.

— Et ton morceau ? Qui est-ce qui va le jouer ?

— Boris, qui veux-tu qui le joue. Il doit être bien content. Il jouera tous les morceaux tout seul.

— Tu pourrais au moins y aller. On apprend aussi en écoutant.

— Peuh ! fait Sammy avec mépris.

Apprendre quoi ? Puisqu'il ne peut pas jouer.

Sa mère essaie encore un moment de le persuader.

— Tu pourrais jouer de la crécelle ou du tambour.

Sammy fait en sorte que ça entre par une oreille et que ça sorte par l'autre, pour ne pas exploser de colère. Il devait jouer la partie principale, la partie de piano – et maintenant on lui parle de crécelle ! Quoi qu'elle dise, il n'ira pas. Faudrait-il en plus qu'il aille voir Boris se réjouir ? Ce serait vraiment trop demander.

C'est pourquoi, exceptionnellement, il se sent soulagé quand il voit sa mère mettre son manteau pour aller à l'hôpital.

Avant de sortir, elle lui crie :

— J'ai appelé le médecin ce matin. Il faut que tu y passes vers cinq heures. Il regardera ta main. Ne l'oublie pas.

Sammy fait « oui » de la tête. Il rapporte la vaisselle à la cuisine, remplit l'évier d'eau chaude. À midi, quand sa mère travaille l'après-midi, c'est lui qui fait la vaisselle. D'une seule main, c'est plus long, mais il ne peut que s'en féliciter, comme ça le temps passe plus vite.

Il prend son cartable, en sort le livre de lecture et s'assied à sa place habituelle sur le rebord de la fenêtre. À travers la feuille de plastique, la cour et le terrain de jeux sont flous.

Aujourd'hui, on ne lui a pas donné de devoirs écrits. C'est le seul avantage de cette brûlure. Après tout, ça aurait pu tomber sur la main gauche. Il aurait eu la douleur, et les devoirs du soir par-dessus le marché.

En dix minutes, Sammy a terminé la lecture. Un autre jour, il en aurait été tout content. Mais aujourd'hui, il préférerait vraiment avoir davantage de devoirs. Que va-t-il faire de tout cet après-midi ?

Sonia et les autres ont répétition. Jouer au football avec le petit garçon d'à côté, sa mère le lui a interdit. Sammy soupire.

Sa mère a toujours eu peur qu'il ne lui arrive quelque chose. Elle appelle plusieurs fois par jour de son travail, et elle est tout affolée s'il ne décroche pas à la seconde.

Lorsqu'il joue dehors avec ses camarades, il faut qu'il soit rentré à six heures à la maison pour attendre son appel. Quelquefois, c'est très énervant. Jusqu'à présent rien n'est jamais arrivé. En cas d'urgence, il peut toujours aller chez la voisine.

Sauf que le seul soir où il y a eu urgence, la voisine était partie promener son chien.

Entre-temps, Sammy a compris pourquoi sa mère était si inquiète. C'est à cause de ce qu'elle a vécu dans son pays. Un soir elle est revenue du travail à la maison, et la hutte de ses parents avait été détruite, ses parents et ses frères et sœurs tués ou emmenés. C'était la guerre : les soldats ennemis avaient incendié la moitié du village.

Au plus profond d'elle-même, elle éprouve toujours l'angoisse que ça recommence. Et puis, la semaine dernière…

En bas, dans la cour, il voit Boris et Frauke monter sur leurs vélos et partir. La répétition commence à trois heures. Il tâte son pansement, appuie jusqu'à ce que ça fasse mal.

Peut-être qu'il aura de la chance et que sa main sera guérie pour le concert. Il s'en était fait une si grande joie ! Et puis tout ce travail. Tout ça pour rien.

Il va au piano dans le coin du salon. Son père l'a acheté bon marché à un ami. Réaccordé et peint en noir, on le dirait presque neuf.

Sammy pose ses mains sur les touches. Il

frappe quelques notes avec les doigts de la main droite, ou plus exactement il essaie. Le pansement le gêne. Doucement, il déroule la bande. La paume de sa main est rouge vif. De petites cloques se sont formées partout. La peau du bout des doigts est arrachée. Au moindre contact, ils lui font mal. Et puis, ses doigts sont raides. Ils sont insensibles. Et même s'il arrivait à jouer, ce serait trop lent. Les autres auraient terminé le morceau qu'il en serait encore aux premières mesures.

Il serre les dents. Trois heures et demie. Maintenant, ils sont en pleine répétition. Et à sa place au piano aujourd'hui est assis Boris, qui joue les trois morceaux, y compris celui de Sammy.

Madame Pinkepang proposera certainement à Sammy autre chose, qu'il puisse faire de la main gauche, puisque tous les élèves de la classe doivent participer d'une manière ou d'une autre. C'est la règle du concours. Dans le placard de la salle de musique, il y a encore quelques crécelles et un tambourin.

— Non ! s'exclame Sammy, et sa propre voix lui fait peur. Pas une crécelle ! Ils n'auront qu'à jouer sans lui. C'était bien ce qu'ils s'apprêtaient à faire, six mois auparavant.

Sammy essaie de voir les aspects positifs.

Les répétitions lui seront épargnées. Tout ce travail est bien énervant, surtout là, à trois semaines du concert. Et tout ça pour quoi ? Pour gagner la première place. Une semaine au bord de la mer du Nord pour toute la classe.

D'ailleurs, il n'ira pas, même s'ils gagnaient. Ils le lui proposeraient certainement ; il entend d'ici la voix de madame Pinkepang :

— Tu viens avec nous, Sammy, bien sûr. Tu es des nôtres. Ta main, c'était vraiment de la malchance.

Accident ! Malchance ! Ils ont des tas de mots pour désigner ce qui s'est passé ce soir-là. Et leur pitié, il s'en passera fort bien !

— Non merci, dira-t-il. Ça ne m'intéresse pas.

Il dira ça très calmement.

Mais comme il sent quand même encore une larme lui couler sur la joue, il laisse brutalement retomber le couvercle du piano, attrape sa veste et sort en courant.

Chapitre 22

Il est encore bien trop tôt pour aller chez le médecin. Sammy a rendez-vous à cinq heures. Mais peut-être qu'il aura de la chance et qu'il passera avant. Comme ça, ce sera fait, et peut-être que le médecin trouvera une pommade miraculeuse pour sa main.

La tête que ferait Boris s'il arrivait demain à l'école, la main guérie ! Sammy sourit tout seul rien qu'à cette idée. C'est tout à fait ce qu'il lui faudrait. Boris se voit déjà dans le rôle du grand pianiste, et il devrait une fois de plus céder la place à Sammy.

Sur son chemin, Sammy passe devant l'école. Les fenêtres de la salle de musique donnent sur la rue. L'une d'elles est ouverte. Sammy s'arrête et tend l'oreille. Il entend la voix de madame Pinkepang, légèrement impatientée :

— Reprends, Boris.

Et c'est son morceau. De la main gauche, Sammy joue dans l'air. Brusquement, il grimace. Là-haut, Boris vient de faire une fausse note ; il essaie de se reprendre, l'orchestre perd le rythme. Madame Pinkepang interrompt la répétition.

— Ça ne peut pas aller, Boris ! Même si tu fais une fausse note, il faut continuer, sans quoi tu perturbes tout ! On reprend du début !

En bas, dans la rue, Sammy a continué de jouer sur son piano imaginaire et il a certainement achevé le morceau. Il ne se laisse pas troubler non plus par les passants qui le regardent d'un air assez étonné quand, à la fin, il se penche pour saluer de tous les côtés.

En haut, dans la salle de musique, on reprend le morceau depuis le début. Cette fois, on arrive jusqu'au bout sans entraves.

— Bon ! (C'est la voix de madame Pinkepang). On y arrivera, Boris. Mais il faut encore que tu travailles beaucoup. Le mieux, c'est que tu ailles chercher la partition de Sammy. J'ai marqué quelques indications pour l'interprétation de certains passages.

— Peut-être que Sammy sera guéri pour le concert.

C'est la voix de Sonia.

— Il faut l'espérer. Mais pour l'instant, on essaie quand même comme ça.

Sammy poursuit son chemin ; il se sent comme s'il avait des ailes. Il leur manque quand même un peu, là-haut. Il ne lui reste plus qu'à espérer que le médecin lui donne cette pommade magique.

Au retour, une heure plus tard, Sammy n'a plus le cœur aussi léger. Il fait un grand détour, pour ne pas passer devant l'école. Le médecin lui a bien donné une pommade, et tout va se cicatriser. Mais ça va prendre du temps. Dans trois semaines, en tout cas, il est exclu qu'il puisse jouer du piano.

Tout ce qu'a dit le médecin par ailleurs, Sammy l'a à peine entendu. Qu'il avait eu de la chance et de la malchance à la fois, et que tout aurait pu se terminer encore beaucoup plus mal… Tout ça était vrai mais, pour l'instant, ça ne le consolait pas du tout.

À la maison, il tombe sur son père qui se faisait déjà du souci.

— Où étais-tu ? La prochaine fois, s'il te plaît, laisse un petit mot pour dire où tu es.

— J'étais chez le médecin. C'est maman qui m'avait dit d'y aller.

— Et qu'est-ce qu'il a dit ?

— Que je ne pourrai pas jouer.

— Si ce n'est que ça. En voilà des problèmes ! Tu joueras la prochaine fois, un point c'est tout. L'essentiel, c'est que tes doigts guérissent.

Sammy regarde son père, interloqué. On dirait que ça lui est vraiment égal que son fils ne puisse pas jouer au concours des écoles. Et pourtant c'était son papa qui lui faisait jouer son morceau tous les soirs et qui disait ensuite à sa maman : « Ce n'est pas un vrai petit artiste, notre fils ? »

Sammy observe son père qui boit un café, assis à la table de la cuisine.

Puis il sort de la pièce en claquant la porte derrière lui. La prochaine fois ne l'intéresse pas, c'est maintenant qu'il voudrait jouer. Il va chercher son Walkman, met une cassette et s'allonge sur son lit.

Chapitre 23

À six heures, on sonne à la porte. C'est Sonia.

— Je suis content que tu sois venue, dit le père de Sammy en lui ouvrant. Peut-être que tu redonneras un peu de courage à Sammy. Il est dans sa chambre, et il n'y a pas moyen de lui parler.

Elle frappe à la porte de la chambre. Sammy arrive, le Walkman sur les oreilles et un paquet de chips à la main.

— Il faut que je te parle. Enlève ça.

Sammy danse autour d'elle sur une musique qu'elle ne peut pas entendre. En même temps, il lui présente le paquet de chips.

— Sers-toi. Aujourd'hui, c'est gratuit.

Sonia se frappe le front du bout du doigt.

— Ça ne va pas dans ta tête?

Elle lui enlève les écouteurs.

— On t'a attendu. Pourquoi est-ce que tu n'es pas venu? Madame Pinkepang n'était pas contente.

— Pourquoi ça? Vous avez Boris.

Pour la première fois depuis qu'ils se connaissent, Sonia lui crie dessus. Elle se met facilement en colère quand quelque chose ne lui plaît pas, mais avec Sammy ça ne lui était encore jamais arrivé.

— Écoute-moi bien! Je n'y peux rien à ce qui est arrivé à ta main. Tu aurais pu au moins venir. Tu peux jouer du tambour d'une main.

— Ou de la crécelle, réplique Sammy en secouant le paquet de chips comme une crécelle.

Sonia fait de la main un geste furieux, les chips jaillissent du sac et se répandent sur la fillette et dans le reste de la chambre.

Elle lui arrache le paquet des mains.

— Tu fais partie de l'orchestre, tu ne le comprends pas? Il faut que tu y sois. Que tu es meilleur que Boris, tout le monde le sait. Mais il n'y a pas d'autre possibilité. À partir du moment où tu ne peux pas jouer, il faut que Boris joue. Tu es allé chez le médecin?

Sammy fait « oui » de la tête. Il n'a pas besoin d'en dire plus. Sonia a compris.

— Tu trouves ça si terrible de jouer de la crécelle ? demande-t-elle doucement.

Sammy ne répond pas. Il marche à quatre pattes et ramasse les chips. Peut-être que ça ne serait pas si terrible si c'était Sonia qui jouait à sa place, ou n'importe qui d'autre de la classe, mais il faut que ce soit Boris ! ...

Sonia le regarde, toujours aussi en colère. Puis, elle s'assied par terre et récupère les chips tombées sur son pull-over. Au lieu de les remettre dans le sac, elle les met dans sa bouche. Sammy ne peut pas s'empêcher de rire.

— Alors, tu viendras ou pas ?

— On verra.

Il ne veut pas promettre davantage pour aujourd'hui, il faut que Sonia s'en contente.

Chapitre 24

Sammy n'est pas le seul à avoir des problèmes. Son père aussi a l'air bizarre depuis le fameux soir. On le voit de plus en plus souvent assis, le journal à la main, il suit des yeux les lignes, mais il reste parfois des heures sans tourner la page.

Quand Sammy lui raconte quelque chose, il n'écoute pas. Parfois, il se lève au milieu d'une conversation et il se met à faire du rangement. Il peste contre le désordre, jette à la poubelle de vieux extraits de journaux et crée une atmosphère si désagréable que Sammy se retire généralement dans sa chambre pour écouter son Walkman.

Ce soir-là, un peu plus tard, on sonne encore une fois à la porte. C'est le père de Sonia qui, comme tous les lundis, vient chercher le père de Sammy pour l'emmener au cours de cuisine pour adultes.

L'amitié entre les deux hommes a commencé par la confection de boulettes bavaroises. Ils sont tous deux de très bons cuisiniers amateurs, avec une prédilection pour la cuisine bavaroise.

Il y a six mois, l'université technique a ouvert un cours de cuisine : initiation aux spécialités bavaroises. Les deux hommes ont été parmi les premiers à s'inscrire.

Sans ce cours, ils ne se seraient jamais connus, car le père de Sonia ne fait pas partie des gens qui, après leur travail, s'occupent bénévolement des sans-abri, des demandeurs d'asile ou autres.

Non pas qu'il ait quelque chose contre, mais il est tout simplement fatigué après sa journée de travail ; il n'a pas envie de se gâcher la soirée avec d'autres problèmes.

Vis-à-vis des immigrés, de quelque couleur que ce soit, il a plutôt une position neutre, du genre : ils ne me dérangent pas, pourvu qu'ils me laissent tranquille. Mais je ne suis pas forcé non plus de les prendre tous dans mes bras.

Du reste, le père de Sonia ne s'intéresse

guère à la politique, et ces débats incessants à la télévision pour savoir si les immigrés doivent rester ou pas lui tapent passablement sur les nerfs. Le plus souvent, il change de chaîne au bout de quelques minutes à peine.

Toutefois, la sympathie vient souvent du ventre, c'est bien connu. Donc, lorsque après avoir fait la cuisine, le père de Sammy et le père de Sonia se sont retrouvés devant leurs boulettes, à se délecter par avance du jarret à la choucroute programmé pour le cours suivant, ils se sont aperçus accessoirement qu'ils se trouvaient mutuellement bien sympathiques.

Le père de Sammy a ensuite organisé pour son nouvel ami des séances d'initiation à la cuisine éthiopienne, dans leur appartement. Les plats de viande et de légumes très épicés, avec les galettes de pain et le thé parfumé de cannelle, de clous de girofle et de cardamome, ont vite pris la deuxième place dans l'ordre des préférences culinaires de la famille de Sonia. Combien de soirées n'ont-ils pas passées ensemble, à manger ce que les deux hommes venaient de préparer ? C'était chaque fois une petite fête, à laquelle on conviait souvent la voisine.

D'habitude, le père de Sammy se réjouissait toute la semaine du prochain cours de cuisine. Mais ce soir, il est assis au salon en survêtement et dit :

— Je ne viens pas.

Le père de Sonia se joint à Sonia et à Sammy pour essayer de le faire changer d'avis, mais Paul reste la tête dans les mains, sans dire un mot de plus.

À la fin, le père de Sonia fait sortir les deux enfants de la pièce, referme la porte derrière lui et s'assied sur le canapé à côté de son ami.

— Fitsumberhan, maintenant, dis-moi s'il te plaît ce qui t'arrive. Et qu'est-ce qui t'était arrivé la semaine dernière. Tu n'as pas voulu m'en parler au téléphone. Pourtant je t'ai vu courir.

Le père de Sammy garde le silence très longtemps. Puis il commence à raconter, lentement tout d'abord, puis de plus en plus vite, de sorte qu'à la fin ses paroles se bousculent.

— Ils m'ont poursuivi avec des matraques. Ils criaient : « Attrapez le nègre ! » et « Il n'est de bon nègre que mort ! »

« Le soir de la semaine dernière, ils m'ont attendu à l'arrêt de bus. Ils sont montés à six. Il n'y avait plus personne d'autre dans le tramway.

« Ils se sont assis sur les bancs, les bottes sur les dossiers, en lançant des plaisanteries stupides. J'ai fait comme si je n'entendais pas, parce que j'avais peur.

« Mais, arrivés au terminus, ils ne voulaient pas descendre. Ils disaient : « On a le temps ! » J'ai essayé de rester calme et poli, mais ils ne voulaient pas partir.

« J'ai voulu appeler à l'aide par radio, mais avant que j'aie pu dire un mot l'un d'eux était à côté de moi, la matraque levée.

« Alors je me suis sauvé en courant. Ils m'ont suivi un peu, puis ils sont retournés au tramway et ils l'ont saccagé. Ils ont cassé les vitres, défoncé les sièges, c'était affreux.

« Le pire, c'est que mon chef estime que je n'aurais pas dû m'enfuir, que j'aurais dû aller chercher de l'aide au commissariat le plus proche. Maintenant, ils vont faire une enquête. Et je risque d'être licencié.

« Je sais bien que c'était lâche de partir. Mais j'avais peur, tu comprends. Une peur panique.

Le père de Sonia ne reprend la parole qu'après un petit intervalle :

— Je ne crois pas qu'ils te mettent dehors. N'importe qui aurait eu peur.

Il décide d'appeler le lendemain le service

où travaille Paul. Il leur expliquera. Mais il se garde d'en faire part à son ami.

Le cours de cuisine se déroulera ce soir sans eux, mais au moins le père de Sammy est redevenu assez calme pour préparer une soupe, tellement épicée cette fois que même le père de Sonia, qui applique d'ordinaire la maxime « plus c'est fort, meilleur c'est », est suffoqué.

Chapitre 25

Trois jours plus tard, Sammy doit faire un gros effort sur lui-même pour aller à la répétition. En fait, il n'y va que pour qu'ils le laissent enfin en paix. *Ils*, ce sont ses parents, Sonia et madame Pinkepang.

Le soir du jour où il a manqué la répétition – sa mère venait juste de rentrer du travail –, il a entendu le téléphone sonner. Sammy était au lit depuis longtemps, mais il n'arrivait pas à s'endormir. Quand il a entendu sa mère dire d'une voix étonnée et un peu inquiète au téléphone : « Oh, bonsoir madame Pinkepang », il a compris tout de suite. Il s'est vite glissé hors du lit et s'est posté derrière la porte de sa chambre entrouverte.

Madame Pinkepang a discuté un long

moment avec sa mère qui se contentait de répondre : « C'est entendu », « Je lui parlerai ».

Lorsque sa mère a enfin raccroché, Sammy était déjà retourné au lit et s'était mis la tête sous les couvertures. Il a entendu sa mère entrer dans la pièce et appeler doucement « Sammy », mais il a fait semblant de dormir.

Le lendemain matin, sa mère a effectivement tenté de lui parler. Elle lui a dit qu'il ne pouvait pas tout jeter par-dessus bord et laisser tomber la classe. Que ce n'était pas bien.

Alors Sammy a explosé. Il lui a montré sa main en hurlant :

— Et ça ? C'est bien peut-être ? Qu'est-ce que je leur ai fait pour qu'ils me jettent des bombes incendiaires ? J'ai travaillé pendant des semaines, et tu voudrais que j'aille agiter une crécelle ?

Puis il a couru s'enfermer dans sa chambre.

Plus tard, à l'école, madame Pinkepang l'a pris à part.

— Sammy, la classe non plus n'y est pour rien. Or, si tu ne joues pas, tu nous pénalises tous. Tu connais les règles du concours. Il faut que toute la classe participe.

— Et si quelqu'un est malade ? S'il a la grippe ou de la fièvre ? La classe peut participer quand même, non ?

Sammy n'était pas prêt à céder si vite. Mais au bout de trois jours, ils sont quand même parvenus à le persuader d'essayer au moins une fois.

— Uniquement pour qu'ils me laissent enfin tranquille, a-t-il marmonné en lui-même.

D'abord, sa mère voulait l'accompagner pour être sûre qu'il n'aille pas ailleurs. Sammy a refusé avec indignation. Sa mère était vraiment gênée de tout le théâtre que faisait Sammy.

— Reprends-toi, Sammy. Ce qui est arrivé est déjà assez grave, il faut s'efforcer de l'oublier.

À la répétition, il est donc assis, la crécelle à la main, et il l'agite avec mépris, sans même jeter un coup d'œil sur la partition où madame Pinkepang a marqué à l'encre rouge les attaques.

Sammy n'a d'yeux que pour Boris, qui, à la grande surprise de tous, joue aujourd'hui tous les morceaux, y compris celui de Sammy, sans fautes. Il doit avoir travaillé jour et nuit. Tout le monde applaudit, soulagé, lorsqu'il arrive au bout de son dur solo. Madame Pinkepang respire enfin.

— Très bien, Boris.

Seul Sammy est déçu. Il avait un peu espéré

que Boris ferait autant de fautes que la dernière fois quand il avait écouté d'en bas, dans la rue. Il n'est pas content du tout que Boris maîtrise aussi bien même son morceau.

Il se sent de trop : pendant le dernier morceau il ne joue même plus. Et, personne ne s'en aperçoit. Dans l'ensemble, madame Pinkepang est contente, l'important, c'est le piano, et aujourd'hui, avec Boris, ça a bien marché.

— Procure-toi la partition de Sammy ; comme ça on aura les dernières indications, lui conseille-t-elle à la fin de la répétition.

Sammy jette sa crécelle dans le placard d'un geste furieux. Il a décidé de ne plus venir. Et, cette fois, c'est définitif. Ils pourront lui raconter tout ce qu'ils voudront.

Ça ne fait aucune différence, qu'il soit là ou pas. Et son médecin peut très bien établir un certificat que madame Pinkepang présentera au concours, de manière au moins à ce que sa classe ne soit pas disqualifiée.

Chapitre 26

Le lendemain matin, madame Pinkepang rend les dictées sur l'été de la Saint-Martin. Boris et Sonia ont zéro faute.

— Et toi, Sammy ? demande Boris, comme à chaque contrôle.

Sammy lève sa main.

— Je ne l'ai pas faite.

— Hum ! gronde Boris en retournant à sa place.

On dirait qu'il n'arrive pas à se réjouir vraiment de sa bonne note. La réponse de Sammy n'arrange pas les choses. Il ferme son cahier et le met dans son cartable.

Sammy ne participe pas non plus au contrôle de mathématiques suivant. De nouveau, c'est Boris qui a la meilleure note. Et de nouveau, il n'en est pas tout à fait content.

Sammy n'y prête pas davantage attention. Il a de tout autres soucis.

Le lendemain doit avoir lieu la fête sportive annuelle ; il ne sait pas si sa mère lui permettra seulement d'y participer.

Son dernier espoir est le médecin chez qui il doit se rendre avec elle juste à la sortie de l'école. Il enlève le pansement, et trois têtes se penchent sur la main de Sammy.

— Bon, fait le médecin, ça cicatrise bien. Mais il faudra encore un certain temps avant que tu puisses plier les doigts comme avant.

— Et la fête sportive, demain ? Je peux au moins courir.

Le médecin n'y voit pas d'inconvénient. Il lui fait même tout spécialement un pansement plus résistant.

Chapitre 27

Si Sammy est dans une colère folle en partant pour le terrain de sport le lendemain matin, c'est à cause de sa mère. Le médecin n'a-t-il pas dit qu'il pouvait participer à la compétition, à condition de faire attention et de veiller à ne pas salir la plaie? Ne l'a-t-il pas dit? Mais non, elle sait toujours tout mieux que tout le monde. Elle le connaît, elle sait qu'il oubliera toutes ses bonnes résolutions une fois que la compétition aura commencé, et ainsi de suite.

En tout cas, hier soir, la discussion s'est terminée par une claire interdiction de participer à la course des 75 mètres et à la course de relais.

— Si jamais tu tombais sur ta main, je préfère ne pas y penser ! Cette fois, il faudra qu'ils se débrouillent sans toi.

Comme s'il était jamais tombé le témoin à la main. Quelle bêtise ! Il prendrait le départ le premier, le bâton dans la main gauche. C'est comme ça qu'ils ont fait au dernier cours de gym.

Et c'est d'une importance capitale pour cette course, car cette année ils s'étaient tous promis de prendre leur revanche sur la défaite de l'année précédente avec la classe parallèle. S'il manque aujourd'hui, ça fait trois bons coureurs de moins, puisque Sven et Dennis sont absents à cause de la grippe.

Ce matin, au petit déjeuner, il était encore fermement résolu à faire la course sans le dire. Mais on aurait cru que sa mère lisait dans ses pensées, comme toujours lorsqu'il a quelque chose à lui cacher.

— Sammy, tu ne cours pas ; tu me le promets ?

Il a fait la grimace.

— C'est pour ton bien. Ta main doit rester au repos.

— Je n'avais pas l'intention de courir sur les mains.

Il n'a rien promis véritablement, mais maintenant, bien entendu, il ne peut plus faire la course. Il donne un grand coup de pied dans une pierre.

En fait, il aurait dû se trouver comme tous les autres vers huit heures, avant le début de la compétition, au point de ralliement près des vestiaires.

Au lieu de cela, il contourne l'entrée du terrain de sport par la droite et se dirige vers la tribune des spectateurs. Là, il grimpe jusqu'au dernier rang et s'installe confortablement sur l'un des sièges.

Tout en grignotant son anneau de muesli, il contemple le terrain de sport. Tout est encore calme. Mis à part madame Bauman, le professeur de gymnastique, qui court nerveusement de tous côtés, distribue des ballons, des brassards et des chronomètres, tous les participants sont rassemblés à l'autre bout du terrain.

Comme tous les ans, le directeur fait au haut-parleur son discours pour la fête sportive. Sammy perçoit les derniers mots portés par le vent.

« Je vous souhaite à tous de vous amuser beaucoup, selon la formule olympique : il est beau de vaincre, mais l'essentiel est de participer. »

Sammy serre les dents. Maintenant, il ne

faut surtout pas pleurer ! Ressaisis-toi, s'il te plaît ! se dit-il en lui-même. L'essentiel est de participer. Et lui qui n'est que spectateur…

À l'autre bout du terrain, il reconnaît madame Pinkepang qui fait de grands gestes dans l'air avec les bras. Sans doute, divise-t-elle la classe en équipes. D'ailleurs, on voit déjà Sonia en tête des filles, portant sous le bras le classeur où les noms sont inscrits par ordre alphabétique, et qui se dirige vers le sautoir.

Monsieur Breuer l'y attend, le décamètre à la main. Pour le seconder, on lui a envoyé Katharina qui, s'étant foulé le pied, ne peut pas participer à la compétition.

C'est justement ça que voulait éviter Sammy. S'il avait été au point de ralliement, madame Pinkepang lui aurait certainement trouvé un poste d'assistant à la course ou aux lancers.

Pendant les séances d'éducation physique normales, il joue volontiers ce rôle, comme les autres. Mais aujourd'hui, ce n'est précisément pas une séance normale. Aujourd'hui, puisqu'il ne peut pas courir, il ne veut pas non plus aider. Et si madame Pinkepang se plaint auprès de sa mère… peuh… qu'elle le fasse. Il n'en est plus à ça près.

Sammy se sent assez seul sur ce banc des tribunes. Tout à l'heure, il verra sans doute quelques pères et mères qui viendront assister à la fête et surtout voir leurs enfants.

Les pistes sont à ses pieds. Il lui aurait suffi de descendre. Boris se prépare juste au départ. Tendu, Sammy le regarde s'agenouiller sur la ligne, poser les mains.

Attention, prêts, partez ! Trop tôt ! Les quatre coureurs s'insultent mutuellement, mais même Sammy qui est mieux placé pour y voir ne sait pas qui a fait la faute.

Le deuxième essai est réussi. En quelques mètres à peine Boris a distancé les autres. Si seulement Sammy pouvait courir, Boris n'aurait pas la victoire si facile. Boris gagne, toutefois il ne semble pas satisfait de son temps.

Contrarié, il ramasse une pierre et la lance dans les tribunes.

La pierre frôle Sammy, qui se baisse juste à temps. Maintenant, Boris l'a vu, lui aussi. Il a l'air épouvanté et grimpe en courant vers Sammy.

En arrivant à bout de souffle en haut, il crie :

— Je t'ai touché? Je ne t'avais pas vu, je te jure, je...

Sammy se lève.

— OK.

— J'étais furieux, parce que mon temps était mauvais.

— J'ai dit OK.

Sammy n'a pas envie de parler avec lui. Il n'a envie de parler à personne, il veut qu'ils le laissent tous en paix. Il monte deux rangs plus haut et se rassied sans accorder plus d'attention à Boris qui le suit.

— 50 mètres en 8 s 3/10. Je n'ai jamais été aussi mauvais. Si tu avais fait la course, j'aurais couru plus vite, moi aussi.

Sammy hausse les épaules. Ce n'est pas sa faute, en tout cas. Mais 8 s 3/10, il est vrai que ce n'est pas très bon, il comprend que Boris soit en colère. Avec un temps comme ça, il n'a plus besoin d'espérer la médaille. Il ne peut pas rattraper les points qu'il a perdus. Boris lui fait vraiment un peu pitié.

— J'aurais voulu courir, dit-il. Mais ma mère me l'a défendu. Elle avait peur que je tombe.

Boris opine du chef.

— Je connais. La mienne aussi se fait toujours du souci… À onze heures, il y a la course de relais. Tu nous encourageras.

— On verra…

Boris redescend les marches en vitesse. Peu

avant onze heures, Sammy se lève et se rend sur la ligne où sa classe prend position pour le départ.

— Eh, Sammy ! Pourquoi tu ne cours pas ?

Il se contente de secouer la tête et se met au bord. La classe parallèle l'emporte comme on pouvait s'y attendre. Sammy est furieux. Idiote de mère, idiote de main !

Chapitre 28

À midi, il rentre à la maison aussi en colère qu'il en est parti le matin.

Sa mère est déjà au travail, ce qui est une très bonne chose pour elle, moins pour Sammy, car il n'a personne sur qui se défouler.

Il va chercher la clef chez la voisine. Elle lui donne en plus un bol de gelée de fruits rouges avec de la crème.

— Crème à la vanille, spécialement pour toi. Et s'il arrive de nouveau quelque chose, tu viens tout de suite me trouver. Je ne bouge pas de la maison de tout l'après-midi.

La crème à la vanille améliore un peu son humeur, mais juste un tout petit peu. Il s'assied au salon pour la déguster tranquillement, une cuillerée après l'autre. En même temps, il regarde la télévision, ce qui normalement ne lui est pas permis pendant le repas.

Sa mère tient en outre absolument à ce qu'il mange toujours le dessert en dernier. Mais aujourd'hui, ça console un peu Sammy de faire comme il veut. Quelquefois il faut aussi qu'il ait son mot à dire. Ne serait-ce que pour la crème à la vanille !

Il ne s'est pas non plus lavé les mains avant le repas. Qu'est-ce que ça peut faire ? De toute façon, il n'a qu'une main qui risque de se salir, l'autre reste propre sous le bandage blanc, qui, à vrai dire, n'est plus tout à fait blanc.

Son repas terminé, il tourne en rond. Il ne sait pas quoi faire. Après avoir essayé tour à tour tous les programmes de télévision, depuis les informations en passant par une série américaine de western jusqu'à la retransmission d'un match de tennis, il éteint le poste. Il n'a envie de rien. Tout à l'heure Sonia viendra le voir, mais d'ici tout à l'heure il y a un bon bout de temps.

Il parcourt sa bibliothèque, assemble deux morceaux de Lego, fait tourner une petite voiture autour d'un livre. Il y a comme ça des jours où l'on aurait le temps de jouer à tout ce que l'on veut, et où l'on ne peut se décider à rien.

Sur l'étagère est posée sa boîte de peinture.

Vingt-quatre couleurs, plus le blanc. Sammy prend un pinceau, prépare une couleur dans le couvercle. Du brun avec du blanc, ça donne du marron clair un peu orangé. Il ajoute de plus en plus de blanc, le brun devient de plus en plus clair.

Il essaie le mélange devant la grande glace de l'entrée. D'abord le nez, puis le front, les joues, le tour de la bouche. Pour finir, il remplit les intervalles. Les poils du pinceau chatouillent. Il enduit le reste à la main.

Puis il se regarde dans la glace. Le résultat ne ressemble pas tout à fait à ce qu'il avait imaginé. Sur la peau sombre, la couleur ne fait pas le même effet que sur le couvercle blanc de la boîte de peinture. Il vide le tube de blanc directement sur sa peau et le répartit régulièrement.

Puis il fait deux pas en arrière et se regarde de nouveau. Son visage lui est étranger. Il ne lui plaît pas. En plus, le fond brun transparaît toujours.

Il imagine comment ce serait si ses parents avaient la peau blanche. Dans la rue, les gens ne se retourneraient plus sur son passage. Ils ne s'étonneraient plus qu'il parle un allemand impeccable.

Bien sûr, quelle langue voudraient-ils qu'il parle ! ?

Chapitre 29

On sonne. C'est sans doute Sonia. Voyons ce qu'elle dira devant ce visage couvert de peinture blanche. Sammy ouvre grande la porte.

Boris !

Sammy le regarde, effaré. C'était la dernière personne qu'il s'attendait à trouver là. Que vient-il faire ? Juste maintenant, où il s'est couvert le visage de peinture : vraiment, Sammy est embarrassé.

Du reste, Boris n'est pas particulièrement à l'aise. Il a eu assez de mal à se résoudre à aller voir Sammy pour lui demander sa partition. Il a préparé exactement ce qu'il dirait.

Mais lorsqu'il voit Sammy, le visage badigeonné de blanc, toutes les formules qu'il avait si péniblement élaborées sont comme balayées. Il le contemple, bouche bée.

— Qu'est-ce que tu as fait ? demande-t-il enfin, une fois remis de sa première frayeur.

Sammy rit, un peu gêné.

— Oh, je voulais juste voir quel air j'aurais avec la peau blanche. Tu me trouves mieux comme ça ?

Boris rougit jusqu'aux oreilles.

— N'importe quoi ! dit-il toujours embarrassé.

Puis ils restent là, face à face, sans rien dire.

— Oui, je voulais te demander quelque chose. Je peux entrer ?

Sammy recule d'un pas pour que Boris entre. Mais il laisse la porte de l'appartement ouverte. Ils sont de nouveau face à face et regardent les murs.

— C'est bien que tu ne sois pas parti pour la répétition, reprend Boris.

Sammy se tait.

— Je voudrais… c'est-à-dire que madame Pinkepang m'a dit… la partition…

Sammy va dans sa chambre chercher son cartable de musique. Boris le suit.

— Tiens.

Il tend la partition à Boris, mais celui-ci ne

s'en aperçoit pas. Il est planté devant la fenêtre avec la feuille de plastique.

— Tu étais à la fenêtre ? demande-t-il doucement.

Sammy fait «oui» de la tête.

— Juste à côté de la fenêtre.

— Et alors ?

Jamais Sammy n'aurait imaginé parler de ça justement avec Boris. Il a tellement attendu que quelqu'un l'interroge là-dessus ces jours derniers. Tout le monde s'inquiète de sa main, lui fait des cadeaux ou se montre particulièrement gentil avec lui. Mais personne ne veut parler de ce qui s'est passé.

Ses parents évitent ce sujet parce qu'ils sont inquiets. Peut-être en parlent-ils lorsqu'ils sont seuls, mais pas avec Sammy.

— Il faut que tu essaies d'oublier, sans quoi tu seras paralysé de peur, lui a seulement dit son père. On vit ici. Et ça peut toujours se reproduire. Il faut que nous le sachions tous.

Madame Pinkepang, la voisine et les autres habitants de l'immeuble ne parlent plus jamais non plus de ce qui s'est passé ce soir-là. La main de Sammy les trouble chaque fois parce qu'elle, on ne peut pas l'ignorer. Ils l'interrogent :

— Ça te fait encore mal ?

Sammy répond le « non » qu'ils attendent.

Et voilà que maintenant, alors qu'il n'y comptait plus, c'est Boris qui lui demande :

— Et puis ?

Sammy débite toute l'histoire. Boris l'écoute sans un mot. Il se tient à la fenêtre, regarde attentivement à travers la feuille de plastique montre un balcon sur la maison d'en face.

— J'étais là.

— Je sais. Je t'ai vu. Toi et ton père.

Boris rougit de nouveau. Il attend que Sammy continue de parler.

— Et ? demande-t-il enfin.

— Et quoi ?

— Je veux dire, qu'est-ce que tu as pensé lorsque tu m'as vu ?

Sammy hausse les épaules.

— Rien. Tu regardais comme tous les autres.

— Mais peut-être que j'aurais dû faire quelque chose ? Je veux dire… Vu d'ici, ça paraît tout différent.

Sammy jette un coup d'œil par la fenêtre.

— La vitre ne sera remplacée que demain. Le concierge dit que les artisans mettent toujours un temps fou à venir.

Ils se retrouvent de nouveau là, tous les deux, sans plus savoir quoi dire.

Sammy tend à Boris le recueil de musique.

— Il faut que tu partes, tu vas être en retard.

— Et toi ?

Sammy lui tourne le dos et remet les livres en place sur l'étagère de sa bibliothèque, alors qu'ils ne sont pas de travers du tout.

— Je ne viens pas.

Boris feuillette la partition. Puis il regarde l'heure.

— Alors il vaut mieux que je m'en aille.

Il voit Sammy qui continue de ranger ses livres, puis il se retourne et s'en va.

De la fenêtre, Sammy regarde Boris mettre la partition dans le panier de son vélo puis s'éloigner. Boris se retourne encore une fois avant de disparaître au coin de la rue.

Chapitre 30

Lorsque la sonnette retentit encore, dix minutes plus tard, Sammy n'a aucune envie d'ouvrir. Il n'est pas d'humeur à recevoir des visites. En outre, il n'a qu'à moitié essuyé la peinture qu'il s'était passée sur le visage. Mais comme ça n'arrête pas de sonner, il y va quand même et ouvre la porte d'un geste irrité.

Encore Boris ! Hors d'haleine, la partition à la main. Sammy pense tout d'abord qu'il n'a pas donné la bonne partition à Boris.

— Il n'y a pas de répétition ?

— Je n'y vais pas non plus. J'ai changé d'avis.

— Tu es fou ? Tu veux avoir des embêtements avec madame Pinkepang ?

— Je veux qu'on travaille ensemble.

— À quoi bon? Tu connais les morceaux. Même le mien.

— Je veux que tu joues.

Sammy se tape du bout du doigt sur la tempe.

— Tu es piqué, non? Tu sais très bien que je ne peux pas jouer. Ni aujourd'hui ni dans deux semaines. J'ai essayé moi-même. La main droite est trop lente.

— Mais de la main gauche, tu peux jouer. Je me suis dit qu'on pourrait jouer tous les morceaux ensemble. Toi la main gauche, moi la droite.

Sammy secoue la tête.

— Tu es complètement fou. Ça ne peut pas marcher. Et puis : pourquoi? Estime-toi heureux de pouvoir jouer seul. C'est ce que tu as toujours souhaité. Tu ne te souviens pas comme tu m'en voulais quand c'est moi qui devais jouer ton morceau. Tu l'as récupéré.

Boris rougit et se met à crier :

— Mais je ne le veux plus! Tu ne comprends rien ou quoi, tu es borné! Ça ne me plaît pas d'être premier quand tu n'es pas là. Pas plus en dictée qu'en course ou au piano. Je suis premier, mais uniquement parce que tu n'as pas participé. Ce n'est pas une vraie compétition. Tu comprends?

Sammy hausse les épaules.

— Après tout, si tu préfères jouer de ta crécelle stupide, je repars.

C'est la crécelle qui fait le déclic. Boris est déjà en haut de l'escalier quand Sammy réagit enfin. Il lui court après.

— Attends un peu. Essayons toujours.

Chapitre 31

Le qualificatif qui s'applique le mieux aux deux heures qui suivent est celui de pénible.

Tantôt c'est la main gauche de Sammy qui est plus rapide, tantôt la main droite de Boris. Il est déjà assez difficile pour une personne d'accorder ses deux mains ; à deux, c'est presque impossible. Presque.

Sammy est à plusieurs reprises sur le point de renoncer.

— Ça ne marche pas. On n'y arrivera jamais avant le concert. Il faut que tu joues seul. Tu connais très bien tous les morceaux.

Mais Boris ne lâche pas prise.

— Si tu ne joues pas, je ne joue pas non plus. Et tout le concert tombe à l'eau. Et c'est ta faute.

Donc ils continuent de travailler. Le lendemain, et le surlendemain aussi.

Pendant les répétitions à l'école, pour commencer Boris joue toujours seul, ils ne veulent pas que quiconque soit au courant de leur travail tant qu'ils ne sont pas sûrs et certains que ça marche. Madame Pinkepang est soulagée de voir que Sammy assiste de nouveau aux répétitions.

— Tu vois, Sammy. Ce n'est pas si terrible. L'essentiel, c'est que tu sois avec nous. La crécelle aussi a son rôle pour l'ensemble. Et, jetant un regard sévère à Boris, elle ajoute : J'exige de vous tous sans exception que vous ne manquiez plus une seule répétition d'ici au concert.

Ils font tous « oui » de la tête. Sammy agite docilement sa crécelle. Ça commence même à l'amuser.

Il observe les autres. Sven à la batterie, Sonia et les flûtes, six xylophones, trois jeux de cloches, deux triangles. Plusieurs élèves tapent sur des barres de bois de différents diamètres d'épaisseur. Chacun joue à sa manière, même Bernd, qui ne s'intéresse pas beaucoup à la musique et préfère passer son temps au terrain de football : il est très content

quand il ne manque pas le moment où il doit intervenir avec son tambour.

Sammy regarde madame Pinkepang qui manie sa baguette, donne le départ aux différents groupes ou tape nerveusement sur son pupitre pour indiquer une interruption ou une reprise. Ils en feront des yeux, le jour où il se mettra au piano avec Boris…

Seule Sonia est au courant. Elle a rencontré Boris dès le premier jour, sur le pas de la porte de Sammy, et elle l'a immédiatement soupçonné d'avoir concocté quelque chose contre Sammy. Elle lui a hurlé dessus puis elle a failli le pousser en bas des escaliers.

Par chance, Sammy a entendu le bruit sur le palier. Alors ils ont mis Sonia au courant de leur projet.

Depuis, c'est une auditrice très critique de leurs répétitions. Un peu trop critique même au goût de Boris et de Sammy. Elle trouve à redire à tout.

Or, ils sont tous deux de plus en plus énervés, parce que le jour du concert approche et qu'aucun des morceaux n'a encore pu être considéré comme classé sans aucune petite remarque de Sonia. La veille de la répétition générale, ils ont même failli mettre Sonia à la porte. Mais elle s'est contentée de dire :

— Il vaut mieux que je vous le dise tout de suite, si quelque chose ne va pas, plutôt que d'attendre demain, et que les autres s'en aperçoivent.

Enfin, même Sonia se déclare satisfaite.

— Demain, on va essayer. Si seulement je savais ce que madame Pinkepang va dire.

Ils sont tellement excités qu'aucun des trois ne dort très bien cette nuit-là.

Chapitre 32

À la répétition générale du lendemain, les parents aussi sont invités. Madame Pinkepang estime qu'il vaut mieux que la classe ait déjà joué devant un public avant de se retrouver pour de bon, le jour du concours, devant le jury et la foule de spectateurs de la grande salle de concert.

Les parents de Sammy doivent venir aussi. Ils sont contents que Sammy participe, bien qu'au fond d'eux-mêmes ils aient toujours espéré que sa main serait guérie avant la date du concert.

La crécelle, c'est très bien et, comme Sammy ne cesse de le leur répéter, l'essentiel c'est de participer. Mais ils auraient quand même préféré voir leur fils assis devant, au piano.

À midi, la maman de Sammy le regarde enrouler joyeusement ses spaghettis. Il n'a plus l'air perturbé du tout. Une chance, pense-t-elle, que les enfants oublient si vite.

Lorsque les élèves se rassemblent dans la cour de l'école une demi-heure avant le début de la répétition générale pour jouer une dernière fois avant l'arrivée des parents, ce n'est pas madame Pinkepang qui leur pose le plus de problèmes. Certes, au départ, elle n'est pas enchantée d'apprendre de la bouche de Boris qu'il a répété avec Sammy. Mais, dans le fond, elle est contente que l'éternelle hostilité entre Boris et Sammy semble enfin dépassée. Elle en est même tellement contente qu'il ne lui paraît plus si important que sa classe obtienne la première place.

Les élèves, eux, voient la chose autrement. Ils veulent l'emporter, ils ont travaillé pour ça des mois durant. Que Boris et Sammy arrêtent de se disputer, c'est bien, mais ils peuvent s'y prendre autrement.

Et s'ils veulent vraiment jouer du piano ensemble, pourquoi commencer juste avant le concert ? Ils auront des semaines, et même des mois pour ça ensuite. Pourquoi faut-il qu'avec leur réconciliation ils compromettent toute chance d'obtenir un prix ?

Pratiquement tous les petits camarades de classe réagissent à peu près comme ça lorsque Sammy et Boris s'installent tous deux au piano lors de la répétition générale. Il est trop tard pour tenter de nouvelles expériences. Une répétition générale est faite pour régler les dernières imperfections, et donner les dernières consignes pour le grand jour. Et voilà qu'ils arrivent tous les deux pour jouer ensemble le premier rôle.

Jouer à deux, à deux mains. Ça ne s'est jamais vu.

Même Dennis, le meilleur ami de Boris, est sceptique.

— Pourquoi est-ce que vous n'attendez pas la prochaine réunion de parents ?

— Là, on jouera à quatre mains, réplique Boris. La main de Sammy sera guérie d'ici là. C'est important que nous jouions maintenant, tu ne le comprends pas ?

Non, Dennis ne le comprend pas, et il n'a pas envie de le comprendre. Peut-être aussi que ça le rend un peu jaloux que brusquement Boris s'entende si bien avec Sammy. Et Dennis fait encore une tentative :

— Madame Pinkepang, dites quelque chose ! Ils vont tout nous gâcher.

— Ou on joue tous les deux, ou on ne joue pas du tout. Je ne jouerai pas seul.

C'est Boris qui vient de parler. Et bien sûr, c'est un peu traître, car il sait très bien que, sans piano, la classe n'a même pas besoin de se produire.

— C'est du chantage ! crie immédiatement Sven en brandissant sa baguette de tambour au-dessus de sa tête.

Madame Pinkepang qui jusqu'alors a écouté tranquillement la dispute, propose un compromis :

— On va jouer tout notre programme une fois. Comme ça Boris et Sammy auront l'occasion de nous montrer ce qu'ils savent faire. S'ils jouent aussi bien que Boris seul, on les laissera jouer ensemble demain. Sinon, c'est Boris qui joue, et Sammy garde sa crécelle.

Après quelques tiraillements, tout le monde se déclare d'accord. Madame Pinkepang lève sa baguette.

Chapitre 33

À cet instant précis, le concierge arrive en courant :

— Madame Pinkepang, il faut faire entrer les parents. Ils attendent devant la porte. On avait dit que la répétition commencerait à quatre heures.

Il ne manquait plus que ça ! Madame Pinkepang regarde sa montre d'un air effaré. Il est déjà quatre heures cinq. Ils n'ont pas encore joué une seule note. Et par-dessus le marché, il y a cette histoire avec Boris et Sammy.

Madame Pinkepang en a la tête qui tourne. Ça va être le plus bel échec de sa carrière.

Elle ne voit qu'une solution. Interdire l'expérience. Elle se retourne vers les deux jeunes pianistes en disant :

— Je regrette beaucoup, mais je crois que le mieux…

Boris la regarde droit dans les yeux ; alors elle s'interrompt et respire profondément. Cette fois, même avec son célèbre regard, elle n'obtiendra rien. Au contraire, c'est Boris qui lui fait comprendre qu'il ne tolérera aucune contradiction. Ou bien elle les laisse jouer ensemble, ou Boris ruine tout leur projet.

Très bien, après tout, il arrive qu'une répétition générale soit ratée. Elle fait signe au concierge d'ouvrir les portes. Deux minutes plus tard les parents envahissent la salle. Madame Pinkepang leur adresse quelques mots de bienvenue, puis il faut commencer.

Elle lève à nouveau sa baguette. Les murmures s'atténuent dans l'assistance puis se taisent tout à fait. Boris et Sammy sont tellement excités que la première fois ils prennent un faux départ.

Les autres se regardent d'un air entendu. Voilà, comme si on ne savait pas que ça ne marcherait pas ? Madame Pinkepang se mord les lèvres, elle voudrait être à des kilomètres de là.

Puis c'est parti : ils jouent les trois morceaux d'affilée. Madame Pinkepang doit les interrompre à deux reprises. Non pas à cause de Boris et Sammy, mais une fois parce que les flûtes et la deuxième fois parce que la grosse caisse ont manqué leur attaque. Les musiciens avaient tous un œil sur le piano.

Entre les différents morceaux, d'énormes applaudissements retentissent. Les parents de Boris sont là aussi. Au départ, sa mère est un peu vexée de voir que son fils n'est pas seul au piano. Elle donne un coup de coude à son mari et lui demande :

— Qu'est-ce qu'il fait à côté de Boris, le petit Noir ? Comment ça se fait que Boris ne joue pas seul ?

— C'est Sammy, explique le père. Celui de l'ours en peluche ; il habite l'immeuble d'en face.

— Mais pourquoi est-ce qu'il joue avec Boris ? Deux pour jouer à deux mains. Qu'est-ce que c'est que cette histoire ?

Le père de Boris ne comprend pas non plus, toutefois il ne trouve pas l'idée si mauvaise. En outre, les deux enfants s'en tirent vraiment bien.

Pour Boris et Sammy, tout marche à merveille. Aujourd'hui, ils sont reconnaissants à

Sonia de les avoir harcelés de critiques tout au long des deux dernières semaines.

La répétition se termine dans un tonnerre d'applaudissements. Tout le monde est bien forcé de reconnaître que Boris et Sammy ont très bien joué. Aussi bien que Boris seul.

Madame Pinkepang se juge satisfaite, elle aussi.

— Expérience réussie, conclut-elle. On se retrouve tous après une bonne nuit de sommeil, demain matin à neuf heures dans la cour de l'école. Je pense qu'on devrait être dans les trois premiers.

Dix minutes plus tard, le concierge a toutes raisons de secouer la tête d'un air très mécontent. Il voit Sonia, Boris et Sammy foncer en zigzag sur leurs vélos à travers la cour de l'école jusqu'à la sortie, alors qu'il est rigoureusement interdit de faire du vélo à l'intérieur des murs de l'établissement. Et, en plus, ils roulent sans les mains, les bras en l'air, comme s'ils venaient de gagner une grande course.

Le concierge ferme la porte derrière eux en hochant toujours la tête d'un air réprobateur : « Les enfants d'aujourd'hui n'ont en tête que des sottises. »

Épilogue

Le lendemain matin, la classe ne remporte pas le premier prix. Il va à l'orchestre de la classe d'une école voisine dont les élèves jouent déjà depuis plus longtemps ensemble et bénéficient d'une plus longue expérience.

Mais finalement, ils s'estiment heureux aussi d'obtenir la deuxième place. Ils ont mieux réussi qu'ils n'espéraient au début du concours.

Ils feront quand même un voyage au bord de la mer. Et ils le doivent tout spécialement à leurs deux pianistes. Boris et Sammy reçoivent un prix spécial que la banque institue sur le moment pour récompenser le meilleur duo de piano : trois jours au bord de la Baltique pour toute la classe.

Castor Poche

Des livres pour toutes les envies de lire,
envie de rire, de frissonner,
envie de partir loin
ou de se pelotonner dans un coin.

Des livres pour ceux qui dévorent.
Des livres pour ceux qui grignotent.
Des livres pour ceux qui croient ne pas aimer lire.
Des livres pour ouvrir l'appétit de lire et de grandir.

Castor Poche rassemble des textes du monde entier ; des récits qui parlent de vous mais aussi d'ailleurs, de pays lointains ou plus proches, de cultures différentes ; des romans, des récits, des témoignages, des documents écrits avec passion par des auteurs qui aiment la vie, qui défendent et respectent les différences. Des livres qui abordent les questions que vous vous posez.

Les auteurs, les illustrateurs, les traducteurs vous invitent à communiquer, à correspondre avec eux.

Castor Poche
Atelier du Père Castor
4, rue Casimir-Delavigne
75006 PARIS

Castor Poche, des livres pour toutes les envies de lire: pour ceux qui aiment les histoires d'hier et d'aujourd'hui, ici, mais aussi dans d'autres pays, voici une sélection de romans.

676 Les cornes du diable **Junior**
par Gary Paulsen
Bobbie est loin d'être ravie : cette année, sa cousine de Los Angeles vient l'aider à rassembler les vaches égarées. La chasse s'annonce mouvementée, d'autant que le taureau Diablo fait des siennes et que les frères Bledsoe veillent...

675 La malédiction des ruines **Junior**
par Gary Paulsen
Catastrophe ! William Crockett, archéologue responsable de fouilles au Nouveau-Mexique, a disparu ! Tout juste arrivés à San Marcos, ses enfants Katherine et Samet leur cousin Shala,se lancent à sa recherche. Ils découvriront des ruines imprégnées de mystères et de légendes...

674 Danger sur la rivière **Junior**
par Gary Paulsen
À contrecœur, Daniel se rend en minibus au camp de vacances du nid d'Aigle. Comble de malchance, il retrouve ses camarades de classe qui, jour après jour, lui mènent la vie dure. Mais tout change lorsque le minibus quitte la route et plonge dans la rivière...

673 Le tueur de Gorgone **Junior**
par Gary Paulsen
Warren Trumbull est un drôle de garçon. Avec son groin et ses oreilles pointues, il ressemble à un cochon. Un jour, l'agence de secours Prince charmant lui confie une terrible mission : exterminer une cruelle créature douée du pouvoir de transformer les humains en pierre...

672 La légende de la caverne **Junior**

par Gary Paulsen

À la recherche d'une statue indienne, Will et Sarah explorent la grotte de la Montagne Hantée. Mais deux dangereux malfaiteurs veillent, bien décidés à se débarrasser de témoins aussi gênants...

671 La Vallée du tonnerre **Junior**

par Gary Paulsen

Pendant les vacances, les jumeaux Jeremy et Jason aident leurs grands-parents à tenir le chalet familial. Bientôt, une succession d'événements étranges vient perturber la tranquilité des lieux.Les deux frères vont devoir se débrouiller seuls pour déjouer uncomplot diabolique…

658 Dans les trous, on trouve tout **Junior**

par Paul Thiès

Désiré est orphelin et personne ne veut de lui. Un jour pourtant, un personnage étrange l'adopte et lui confie une mission : prendre le sac magique et vendre des trous ! Désiré n'est pas au bout de ses surprises... Vous non plus !

657 Chasseur de stars **Senior**

par Klaus Hagerup

Qu'il est dur d'être soi-même ! A treize ans, Werner Simonsen, petit, timide, surnommé «Ver de terre», a peur des autres, du noir, de l'altitude et surtout des filles. Jusqu'au jour où Stella, star adulée d'un feuilleton américain, désire le rencontrer...

656 La société secrète **Senior**

par Henning Mankell

Joël a onze ans, presque douze. Très solitaire, il vit avec son père. Il veut découvrir son passé et celui de sa mère, absente. Pour parvenir à ses fins, il crée une société secrète qui lui permet de sortir la nuit et d'explorer les territoires inconnus du souvenir.

654 Le merveilleux voyage de Nils Holgersson à travers la Suède **Junior**

par Selma Lagerlöf

Pour s'être moqué d'un lutin de sa maison, Nils va être ensorcelé et devenir à son tour tout petit. Il accomplira un voyage extraordinaire à travers son pays, jusqu'en Laponie, tenant fermement par le cou Akka, un jars qui l'emporte dans les airs.

651 Le silence des ruches **Senior**

par Michel Le Bourhis

Lorsque Julien apprend la mort de son grand-père, il est triste. Bien sûr. Pourtant, dans ce deuil à cœur ouvert, l'espoir est là. L'espoir, ce sont les souvenirs et les secrets partagés...

650 Les rois de la combine **Senior**

par Sheila Och

Karel et Jarda ont un problème : ils sont pauvres. Comment le résoudre ? Très simple, pensent-ils, il faut gagner de l'argent : vente de tickets de tram, de vers de terre... Rien ne les arrête !

648 Victoire sur la peur **Senior**

parPhyllis Reynolds Naylor

La dernière fois que Doug a grimpé sur une corniche, il a eu la peur de sa vie. Depuis, il s'est juré de ne jamais recommencer. Pourtant, lorsque son frère disparaît dans la montagne, son courage n'a plus de limite.

644 68, boulevard Saint-Michel **Senior**

par D. Martignol-A. Grousset

La révolte gronde dans les rues de Paris en ce mois de mai 1968. Martial Manault habite au 68, boulevard Saint-Michel, au cœur des manifestations. Un soir, avec Chantal, une élève infirmière, il soigne un étudiant matraqué. Mais le jeune homme disparaît. Martial et Chantal se lancent à sa recherche au milieu des barricades.

641 Aliénor d'Aquitaine, une reine à l'aventure **Senior**
par Brigitte Coppin
Aliénor d'Aquitaine a dominé l'histoire du XIIe siècle. Reine de France, puis reine d'Angleterre, elle a connu le pouvoir, la gloire et la prison, sans jamais renoncer à ses rêves et ses ambitions. Laissons-la nous raconter son destin...

637 Moi Angelica, esclave **Senior**
par Scott O'Dell
Angelica est capturée en Afrique et vendue comme esclave dans une plantation aux Antilles. Que de souffrances et d'humiliations pour une jeune fille, que de rage aussi, et bientôt la rumeur court à travers toute l'île... Les esclaves se révoltent...

635 Sauvez Willy 3 **Junior**
par Todd Strasser
Jesse est presque un homme désormais. Il n'a rien perdu de sa passion pour les orques, et il travaille avec Randolph pour leur protection. Il retrouve Willy tous les ans. Mais leur route va croiser des pêcheurs prêts à tout pour capturer des orques. Max, un jeune garçon, va les aider de tout son cœur…

634 Yvain, le chevalier au lion **Senior**
par Camille Sander
Yvain, chevalier à la cour du roi Arthur, part chercher l'aventure qui le consacrera aux yeux de tous comme un brave. Un lion le suit partout, compagnon précieux pour affronter dragon, géant et démon qui le guettent...

633 Le petit chaperon rouge à Manhattan **Senior**
par Carmen Martin Gaite
L'histoire du petit chaperon rouge, vous la connaissez ? Oui, mais les temps changent ! Sara vit à Brooklyn, la galette est une tarte aux fraises, la grand-mère une chanteuse de music-hall mariée plusieurs fois, et le loup un pâtissier multimillionnaire...

632 Les moissonneurs de gloire **Senior**
par Thalie de Molènes
Pierre-Marie, le fils de François, s'engage au combat dans l'armée du consul Bonaparte; Louis-François de Ponchapt, le fils d'Edmée, se lance dans de sombres machinations... L'affrontement entre les deux hommes va-t-il faire éclater la famille Tibeyrant ?

630 Libraire de nuit **Junior**
par Jacqueline Mirande
En ce début d'automne, sur les berges de la Seine à Paris, les ntempéries rendent le métier de libraire ambulant difficile. Belle Humeur a l'intention de terminer sa carrière sur un gros coup : la vente prohibée d'exemplaires de *l'encyclopédie.* Exerçant déjà la profession sans autorisation, le petit libraire double les risques d'être arrêté par la police...

629 Piscine de nuit **Junior**
par Betsy Byars
Cet été, Retta a décidé de faire quelque chose de nouveau. Pourquoi ne pas profiter de la piscine du voisin ? En pleine nuit, elle entraîne ses deux frères pour une baignade clandestine qui promet d'être excitante...

628 Le secret du feu **Senior**
par Henning Mankell
Chaque flamme détient son secret et, en observant le feu, on peut y voir son avenir... Sofia, dont le destin a été bouleversé par la guerre qui ravage son pays, tente de redonner un sens à sa vie. Elle puise dans les flammes qui dansent un message d'espoir...

627 Des bateaux plein la tête **Junior**
par Alice Mead
Reeve a bientôt dix ans et, dans sa cité new-yorkaise, il est parfois bien tentant d'intégrer les gangs ou de tomber dans le piège des dealers. Mais le garçon a un rêve : devenir capitaine de bateau...

620 **Dangers sur le fleuve rouge** — **Junior**

par Bertrand Solet

Khiêm et son père Pham sont enrôlés de force au Tonkin où les combats entre français et chinois font rage. Ils parviennent à s'échapper mais Pham disparaît. Aidé de ses amis saltimbanques, il part à sa recherche. Khiêm retrouvera-t-il son père ?

619 **Sous le drapeau noir** — **Senior**

par Erik Christian Haugaard

Alors qu'il est en vogue vers l'Angleterre, William est kidnappé par l'infâme Barbe-Noire. Le pirate se prend d'affection pour le garçon et l'initie au combat, à l'abordage… Mais William ne pense qu'à s'évader.

616 **Le gardien du chateau** — **Senior**

par Nadine Brun-Cosme

Trois nouvelles, Le gardien du château, Maël, La maison d'en bas, qui évoquent l'attente de l'autre, l'émoi de la rencontre, la douleur de l'absence, mais aussi la joie de la rencontre. Laissons les mots ouvrir la porte du souvenir, saisir les sensations fugaces du temps qui passe.

615 **Le dresseur d'ours** — **Senior**

par Harriet Graham

Avant d'être apprenti-tanneur, Guillaume a connu la douceur d'une famille heureuse. C'était avant, avant la mort de son père, avant le remariage de sa mère... il y a si longtemps. Mais Guillaume a le don de dresser les ours, don très convoité en ces temps où les ours apprivoisés vont de ville en ville, de pays en pays… Guillaume part pour un long voyage avec une troupe de saltimbanques.

614 La vengeance d'Emily Upham **Junior**
par Avi
Le père d'Emily est ruiné et mêlé à une histoire de hold-up ! C'est beaucoup d'émotions pour la jeune et précieuse Emily. Seth Marple, un jeune va-nu-pieds, propose de l'aider. Mais quelle aide ! Entre Seth l'intrépide et la précieuse Emily la rencontre est explosive.

604 L'arbre à palabres **Junior**
par Régine Detambel
Sur l'arbre le plus haut, le plus vieux, le plus gros de l'épaisse forêt d'Amérique, cinq drôles d'oiseaux jacassent. Ils se racontent les histoires de Serge, le merle vert, de Dimitri l'ibis gris, de Tom Condor…
Chut ! Écoutons les oiseaux…

603 Le puits **Senior**
par Mildred D. Taylor
La sécheresse est terrible, elle a tari tous les puits de la région. Tous sauf celui des Logan, famille de fermiers noirs aisée. Les Logan partagent cette eau précieuse de grand cœur, avec tous. Mais en 1910, dans le Sud américain, les rancœurs contre les noirs persistent ; tout au long de l'été, la tension va monter…

602 L'album photo des Fantora **Junior**
par Adèle Geras
Ozzy, le chat des Fantora, conte les derniers épisodes de la chronique familiale. Les préparatifs en vue du mariage de la tante Varvara donnent lieu à une agitation savoureuse dans la maison.

601 La Corbille
Prisonniers des Vikings – Tome 4 **Senior**
par Torill T. Hauger
La Corbille a toujours été considérée comme une sorcière à la ferme du jarl. Crainte et haïe, elle a des dons de guérisseuse, précieux au retour des raids. Pourtant, sous cette apparence farouche, la jeune fille cache un cœur sensible et généreux, qui saura le découvrir ?

600 **Le jour de la photo** **Junior**

Par Corinne Fleurot

La Grande Catoche règne sur l'école. Décidée, voire tyrannique, elle domine la cour de récréation. Hélène vit dans l'ombre de son aînée, pourtant, le jour où la Catoche subira une grande humiliation publique c'est auprès d'Hélène qu'elle trouvera la force de faire face. Solidaires dans l'épreuve, les deux sœurs tisseront une vraie complicité.

599 **Match nul** **Junior**

par Avi

Comment peut-on détester le football ? C'est une idée saugrenue que partage pourtant une classe entière, et alors ? Alors, dans ce collège, le football est obligatoire. L'entraîneur n'est pas un fou de foot, lui non plus... Spectacle garanti pour le public.

590 **Le champ de personne** **Senior**

par Daniel Picouly

Le Mohican, onzième d'une famille de treize enfants, vit dans un petit pavillon de banlieue. Sa famille, grande tribu généreuse, est solidaire et la vie n'est jamais monotone pour le Mohican, entre le football (sa grande passion) et les dictées (sa terreur), entre rêves et rires. *Le champ de personne* est la chronique d'une journée comme les autres...

585 **Les vacances du chiot-garou** **Junior**

par Jacqueline Wilson

Des vacances au bord de la mer avec ses parents, ses sœurs et son fidèle Loupiot ? Micky est fou de joie ! Oui, mais l'hôtel n'accepte pas les chiens... et il n'est pas question que Micky parte sans son chiot chiot-garou ! Heureusement, Micky a de la suite dans les idées... et Loupiot aussi !

583 Bouffon du roi, roi des bouffons **Junior**
par Hubert Ben Kemoun
Blaise, premier bouffon du roi, rêve d'épouser la princesse Léa. Mais le roi s'y oppose et, choqué, en tombe malade. Bravant la loi interdisant de quitter le pays, Blaise part à la recherche d'un médecin pour le roi, espérant ainsi gagner ses faveurs. En s'éloignant du royaume, oublié du temps, Blaise découvre le monde moderne…

574 Le chiot-garou **Junior**
par Jacqueline Wilson
La vie est dure pour Micky ! Entouré de quatre sœurs toniques, il fait figure de pleurnichard. Sa peur irraisonnée des chiens provoque l'hilarité de son entourage. Et voilà Loupiot ! Ce chien est très spécial avec Micky n'a plus peur de rien.

573 Drôle de nom pour un chien **Junior**
par Jean-Loup Craipeau
Adopté par deux octogénaires à la santé extraordinaire, le chiot Pète-un-Coup mène une existence choyée et sans nuages. Mais un jour, il absorbe des essences que ses maîtres utilisent pour la préparation d'un parfum « Odeur de Sainteté ». Ses intestins n'apprécient pas… et ils ne sont pas les seuls !

567 Juju Pirate **Junior**
par Évelyne Reberg
Juju Pirate est un pirate du genre rêveur, il n'aime pas se battre. Lorsqu'il découvre la carte de l'île au Crabe, il est frappé par la fièvre de l'or. Armé d'une dent de requin, d'un tonneau de romrom et des conseils de Grand-grand-maman pirate, Juju prend la mer sur un radeau, pour affronter les terribles monstres qui convoitent eux aussi le trésor…

559 **Liak et la déesse de la mer** **Junior**

par Yvette Edmonds

Liak vit avec ses grands-parents dans un village inuit, au rythme des traditions ancestrales. Un jour alors qu'elle chasse avec grand-père, elle recueille Yuit, un bébé phoque. Yuit n'est pas un phoque comme les autres, il est albinos, c'est animal sacré qui appartient à la déesse de la Mer. Et Liak, malgré son jeune âge, risque le

557 **Défense de pleuvoir le samedi** **Junior**

par Maite Carranza

Ernesto perd la mémoire et change de famille. Le royaume d'Ermelina est menacé par une sorcière. En 2005, une navette spatiale pas comme les autres part en mission. Se raconter des histoires farfelue au téléphone, c'est la meilleure façon de tromper l'ennui d'un samedi pluvieux!bannissement de la tribu si elle le garde. Elle doit choisir.

556 **En route pour Wembley** **Senior**

Par Kim Chapin

Marty n'est pas premier de la classe, non, et d'ailleurs cela ne l'intéresse guère. Il préfère vivre très près la carrière des Bombers, son équipe de football favorite. Malgré ses débuts de saison difficile les Bombers se retrouvent en fin du championnat de la Coupe de la F. A. Marty sera leur mascotte...

549 **Le combat du berger** **Senior**

par Bertrand Solet

En Italie, au Ve siècle avant J. – C., Sybaris et Crotone sont deux villes rivales. Titorme, berger doté d'une force phénoménale, tue lors d'une bagarre le frère de sa fiancée, Lydia. Il fait alors le serment de ne plus jamais se battre. Lorsque la guerre éclate entre les deux villes, Titorme affronte un cruel dilemme: sera-t-il fidèle à son serment?

548 **Les aventures de Pinocchio** — **Junior**

par Collodi

Geppetto, lorsqu'il décida de fabriquer un pantin de bois, ne savait sûrement pas dans quelle aventure il se lançait ! C'est que Pinocchio n'est pas un pantin ordinaire. Plein de vie, il a une notion de la vérité qui lui est propre ! Naïf, il suit le premier venu, oubliant tout le reste. Heureusement que la Fée veille… Pinocchio reste un des classiques les plus savoureux de la littérature destinée à la jeunesse.

544 **Prince de la Prairie** — **Junior**

par Celia Barker Lottridge

Sam arrive avec toute sa famille dans la Prairie canadienne pour y construire une ferme. Les enfants reçoivent un cheval, Prince, pour les mener à l'école qui est très loin. L'hiver arrive et le fourrage va manquer pour le bétail. Il faut lâcher Prince dans la nature ; pour Sam, c'est le déchirement…

543 **La remplaçante** — **Junior**

par P. J. Petersen

Raymond, le cancre, et Jacques, le premier de la classe, ont eu une idée de farce géniale pour accueillir la remplaçante ! Jacques sera Raymond et Raymond sera Jacques. Mais si le jeu est drôle pendant une journée, il l'est moins quand la remplaçante reste plus longtemps que prévu. Dur de jouer le bon élève lorsqu'on ne l'est pas, plus dur encore de jouer le rôle du cancre lorsqu'on est premier de la classe !

542 **Le récif maudit** — **Senior**

par Henri de Monfreid

Kassim aime la riche et belle Amina. Mais, jugé de naissance trop humble pour prétendre l'épouser, il est mis à l'épreuve par le père de sa bien-aimée, riche marchand de perles. Chargé d'une mission dangereuse en mer Rouge, Kassim affrontera bien des dangers dans ces pays où l'on vit parfois encore à la manière des Mille et Une nuits.

541 Croc-Blanc — Senior

par Jack London

Croc-Blanc, mi-chien mi-loup, est né sauvage. Capturé par un Indien, il va découvrir la soumission à l'homme. Croc-Blanc, indomptable et fier, attendra longtemps pour trouver un maître qui saura l'apprivoiser, l'aimer tout simplement.

540 La révolte des Jeanne Les Tibeyrant — Senior

par Thalie de Molènes

François Tibeyrant a grandi, élevé par son oncle Pierre. Ce dernier lui a communiqué sa passion de guérir et François, à son tour, sera médecin. Le XVIIIe siècle s'achève sur les rumeurs de la Révolution qui parviennent jusqu'à Plazac. Ce monde nouveau qui s'annonce va déclencher les passions, les haines, bouleversant l'ordre établi. Jeanne Desbordes, figure de la sagesse ancienne, va cristalliser la révolte des femmes de Plazac, bien décidées à prendre leur destin en main…

539 Le tour du monde en quatre-vingts jours — Senior

par Jules Vernes

À Londres, en 1872, le gentleman Phileas Fogg engage un pari insensé : accompagné de son fidèle Passe-partout, il va faire le tour du monde en quatre-vingts jours. Le détective Fix, persuadé que Fogg est un vulgaire cambrioleur qui fuit la justice, tentera tout pour retarder les deux héros. De Londres à Shangai, en passant par les États-Unis, la course nous entraîne à toute allure dans un tour du monde qui n'a rien de touristique…

537 Vive le rire! Junior

par Jean-Charles

De A comme Automobilistes à V comme Voleurs, en passant par F comme Fantômes ou S comme Souris, voici un florilège d'histoires désopilantes, de quoi animer les cours de récréation dans la joie et la bonne humeur.

536 Espion en Égypte Junior

par Bertrand Solet

Vincent Boutin, espion au service de l'Empereur Napoléon, affronte l'ennemi anglais sur les terres lointaines de Syrie et d'Égypte. Doit-il se méfier de la belle mais intrigante Lady Esther dont il est amoureux? Saura-t-il déjouer les tours de l'obscur Major Misset? Vincent Boutin, le fier aventurier, devra redoubler de courage pour mener à bien sa mission…

535 L'année Rase-Bitume Junior

Par Philippe Barbeau

Dur de reprendre les cours pour les élèves de 5e spécialisée. Surtout quand on sait que le professeur est une armoire à glace, qui a pour consigne de mater cette classe à la réputation difficile. Mais, surprise! Le monstre en question s'avère être un petit bout de femme et la rentrée scolaire a soudain une autre saveur…

534 Saturnalia Senior

par Paul Fleischman

Capturé au cours d'une bataille entre colons et Indiens, William a été adopté par une famille d'imprimeurs de Boston. Chez les Currie, on renoue avec l'antique tradition des fêtes saturnales; une fois par an les rôles sont inversés, les maîtres sont employés et vice versa. C'est l'occasion de festoyer joyeusement. William est heureux de sa nouvelle vie, pourtant, il éprouve souvent le désir de renouer avec les siens.

533 **Gaspard des Montagnes La tour du Levant – Tome 4** **Senior**

par Henri Pourrat

Anne-Marie a retrouvé son fils, la paix paraît s'installer durablement. Et pourtant, il est écrit qu'Anne-Marie doit craindre encore pour le petit Henri, son fils. Quant à son amour pour Gaspard, le temps viendra-t-il où ils pourront ne plus cacher leur cœur? Ce volume clôt la série de Gaspard des Montagnes, si belle évocation de l'Auvergne «aux puys couleur de pierre bleues».

532 **Cap sur l'Ouest** **Senior**

Par Betsy Byars

Le grand-père de Birch doit partir en résidence de retraite. En vendant son Piper Cub, un petit avion biplace, il renonce à son plus beau rêve: traverser les États-Unis d'est en ouest. Birch saura le convaincre de réaliser son vœu le plus cher. Ensemble, ils filent pour la grande traversée...

530 **Le chasseur de mouches** **Junior**

Par Danièle Fossette

À Madagascar la vie n'est pas comme ici : Mamy, à sept ans, a déjà une longue expérience derrière lui. Il a été chasseur de mouches, voleur de chaussures, gardien de voitures... avant d'être confié à une institution qui lui trouvera des parents en France. Mamy exprime ce décalage entre ses deux vies avec ses mots, son amour de la vie, plus fort que tout.

527 **Les embûches de Noël** **Junior**

par Liliane Korb – Laurence Lefèvre

Mais pourquoi faut-il donc que le cousin de Saint-Flour débarque à la maison pour les vacances de Noël? Quel réveillon épouvantable, avec l'oncle de Louveciennes, ses deux grands dadais et les jumelles: ça ne sera pas la fête! Devoir affronter la foule des grands magasins, pour que son frère soit photographié avec le Père Noël, ...

526 **Lee chercheur d'or** **Senior**

par Kay Haugaard

La rumeur s'est répandue jusqu'en Chine: de l'or! Il y a de l'or en Californie! Pour Lee, c'est l'espoir d'en finir avec le malheur, la misère, il ira. Mais la Californie est bien loin, et l'or bien enfoui au centre de la terre, ou au fond de rivières glacées. Il faut affronter la colère des hommes blancs qui ont si peur que la manne s'épuise. Lee ne ménagera pas sa peine, tant est forte sa volonté de réussir…

525 **Quoi qu'il arrive** **Senior**

Par Frances Temple

«S'ils me prennent, fuyez, quoi qu'il arrive!» Felipe a entendu son père le murmurer à sa mère, un soir. Aussi lorsque Jacinto disparaît, il sait qu'avec sa mère et sa sœur, ils doivent quitter leur pays, le Salvador. En bus, en stop, à pied, ils avancent; leur but? Le Canada…

522 **Les retrouvailles** **Senior**

Par Marilyn Sachs

Molly n'a pas revu sa sœur depuis l'accident qui a coûté la vie à ses parents, huit ans plutôt. Elle est très émue à l'annonce de l'arrivée de Beth, inquiète aussi: qu'ont-elles à partager après tant d'années? Pourquoi Beth est-elle si agressive? Quel est le secret qui la tenaille?

521 **Sauvez Willy 2** **Junior**

par Jordan Horowitz

Deux années ont passé. Jesse est heureux avec Glen et Annie et espère bien revoir Willy au cours de ses vacances au bord de la mer. Willy est là, il a retrouvé sa mère, ses frère et sœur, mais n'a pas oublié Jesse. Bientôt, un pétrolier s'échoue sur la côte, provoquant une marée noire dévastatrice. Les orques sont en danger !

520 **Max Glick** **Senior**

par Morley Torgov

Le jour de ses neuf ans, au lieu de la maquette de Boeing 747 de ses rêves, Max reçoit un piano et les leçons qui vont avec, quelle trahison ! Heureusement, son professeur se révèle un grand original avec qui Max ne s'ennuie pas et, comme il a du talent, sa voie est tracée : il sera pianiste. C'est du moins ce qu'espère très fort toute sa famille…

519 **Gaspard des Montagnes**
Le pavillon des Amourettes – Tome 3 **Senior**

par Henri Pourrat

Anne-Marie n'a pas perdu l'espoir de retrouver son fils, enlevé il y a des années par l'ennemi qui s'acharne contre elle. Son amour pour son beau cousin Gaspard est toujours le même, elle y puise la force de poursuivre ses recherches. Parviendra-t-elle à lutter contre le destin qui, jusqu'à présent, ne l'a guère épargnée ?

518 **Le chat qui aimait la pluie** **Junior**

Par Henning Mankell

Luc a reçu un chaton pour son anniversaire, un chaton tout noir, qu'il appellera Nuit ! Très vite, Luc sait que Nuit sera son meilleur ami, pour toujours. Mais Nuit disparaît, et commence une longue, une très longue attente.

517 **La dernière valse** **Junior**

par Lorris Murail

Les grands-parents d'Anisa sont partis à Vienne depuis quelques semaines et ne manifestent aucune intention de revenir. Bien au contraire, dans leurs rares lettres, ils réclament toujours plus d'argent. Bientôt, une femme mystérieuse vient à Paris pour exiger les bijoux de famille. Qui est-elle ? Que sont devenus les grands-parents ? Pour en savoir plus, Anisa part à Vienne, avec son ami Léonard…

516 Vers l'Ouest avec la nuit **Senior**

par Beryl Markham

Beryl Markham fut la première femme qui traversa l'Atlantique, seule à bord de son avion. C'était en 1936. Elle a vécu d'autres aventures tout aussi passionnantes en Afrique où elle a grandi. Femme de passion, elle nous communique dans cette autobiographie son amour de l'Afrique et son appétit de vivre à cent à l'heure.

515 La conspiration de la dague **Senior**

par Pilar Molina Llorente

À la mort de son père, Ludovico découvre que des complots se trament à l'ombre des longs couloirs du grand palais florentin où il a grandi. Proclamé seigneur de Santostefano, Ludovico doit choisir entre vivre ses plaisirs et assumer son titre avec la lourde charge qu'il représente pour un garçon de quinze ans. Qui, dans son entourage proche, cherche à le trahir?

514 Félix Têtedeveau **Junior**

par Anne-Marie Desplat-Duc

S'appeler Félix Têtedeveau, et avoir un père boucher, avouez que ce n'est pas banal!Les quolibets sont le triste lot de Félix à l'appel de son nom, même les institutrices n'y résistent pas. Mais lorsque Oscar Poudevigne arrive dans la classe, tout change! Le club, très secret, des chevaliers aux Noms Impossibles est né. Pour y entrer il faut vraiment avoir un nom impossible et en être fier...

513 Laetitia de Trinidad **Senior**

Par Merle Hodge

Pour Laetitia, qui appartient à la communauté noire rurale de Trinidad, entrer au collège est un triomphe. Elle est la première de sa famille à poursuivre des études secondaires! La ville est loin, et, pour éviter de longs trajets quotidiens, Laetitia va vivre chez son père qu'elle connaît à peine. Au collège, Laetitia se lie d'amitié avec Anjanee, d'origine indienne. Mais leur destin sera bien différent...

512 **Loisillon la Terreur** **Junior**

par Chantal Cahour

Aimé Loisillon n'a rien d'un oisillon, c'est une brute, il terrifie à plaisir professeurs et camarades d'école. En CM1 depuis deux ans, seule Mme Plumeau semble capable de le supporter, sans toutefois parvenir à le faire travailler. Mais un jour arrive dans la classe la douce et paisible Clémence Dupont, minuscule pour son âge, Loisillon va n'en faire qu'une bouchée c'est sûr... et pourtant!

511 **Vers la ville d'argent** **Senior**

Par Gloria Whelan

Mai a treize ans, elle doit quitter son village avec sa famille, fuir les soldats, tout laisser derrière elle... Le voyage sera long, périlleuse la traversée sur un bateau de fortune, et la ville d'argent – Hong Kong – n'est pas le havre de paix et de prospérité tant attendu. Il faut attendre dans un camp de longs mois avant de s'envoler vers un pays d'accueil. Malgré cela, la vie continue pour Mai et les siens, faite de joies, de peines, de rencontres aussi. Mai garde au fond du cœur l'espérance d'une vie meilleure.

510 **Un indien dans la ville** **Senior**

par Éric Le Nabour

Mimi Siku a toujours vécu dans la forêt amazonienne, et lorsque son père débarque dans le village muni de son téléphone portable et de son ordinateur portable, la rencontre ne manque pas de sel. Ils ignoraient leur existence respective! Stéphane va faire découvrir Paris à Mimi Siku, qui, en jeune guerrier Wayana qu'il est, n'a peur de rien ni de personne...

509 Sigurd le tueur de dragons
Prisonniers des Vikings – Tome 3 **Junior**

par Torill Thorstad Hauger

À la mort de ses trois frères, tués lors d'un raid viking en terre étrangère, Sigurd, dernier fils du jarl, sait qu'il deviendra, comme son père, le chef de la région. Mais cette fonction exige force, courage et envie de se battre pour conserver le pouvoir… Sigurd, lui se sent plutôt rêveur et solitaire. Pourtant lorsque son père meurt à son tour, il assumera son titre, et partira en raid avec les guerriers…

508 **Le petit bandit de grands chemins** **Junior**

par Dick King-Smith

C'est décidé : Tod sera bandit de grands chemins. Son père n'était qu'un humble détrousseur de passants, mais Tod a d'autres ambitions ! Et comme la Providence lui offre une monture, il attaquera les diligences et les carrosses, ne délestera que les riches. Tod devient même chef de bande et quelle bande ! Mais à Londres, déjà, on prépare la riposte…

507 **Colomba** **Senior**

par Prosper Mérimée

La Corse, île sauvage et indomptée, est le lieu de terribles vengeances. Comment Colomba, fière jeune fille, entraînera-t-elle son frère Orso dans une vendetta qu'il redoute, mais dont il ne peut empêcher l'accomplissement ?

506 **Vas-y Claire !** **Junior**

par Marie-Christine Helgerson

Claire aime courir. Mais en 1898, les jeunes filles portent corset, bas, et fines bottines… Tout un harnachement qui entrave le corps. Pourtant, Claire s'entête. Avec son amie Elizabeth, elles s'entraînent sans relâche. Leur but ? Une course de vitesse jusqu'au sommet de la tour Eiffel…

504 **La fin d'un été** — **Senior**

Par Marie-Sophie Vermot

Guillaume a annulé au dernier moment son camp de voile, pour rejoindre sa grand-mère très malade. Alice, la tendre grand-mère, est bien malade, ses jours sont comptés, elle a exprimé le désir que son petit-fils préféré passe quelques jours auprès d'elle. Guillaume et Alice vont retrouver une complicité intacte, le goût de rire ensemble, pour ce dernier été.

503 **Souris donc, Rosy Cole!** — **Junior**

par Sheila Greenwald

L'oncle de Rosy, photographe de son état, a décidé de la prendre comme sujet d'un livre, comme il l'a fait pour ses deux sœurs, l'une brillante écuyère, l'autre, danseuse de talent. Mais Rosy ne sait rien faire de spécial. Ah si, elle prend des cours de violon ! Sa mère y tient beaucoup, mais de là à faire l'objet d'un beau livre ! D'ailleurs, Rosy déteste le violon... qui le lui rend bien !

502 **L'harmonica rouge** — **Senior**

par Jean Coué

Alors que sa fille lui annonce qu'il va être grand-père, Marcel, violoniste célèbre, se souvient de son enfance. Veuve avant même d'être mariée, Yvonne, sa mère, a caché sa honte de mère célibataire à Paris où Marcel a grandi... Mais qui était donc son père ?

501 **Le rapt** — **Senior**

par Frison-Roche

Kristina est une Samisk, ce peuple qui vit encore au rythme de ses ancêtres dans le nord de la péninsule scandinave. Dans la froide nuit arctique, les Samisks élèvent des rennes, leur seule richesse, et chassent. Kristina aime cette vie-là, et ne voudrait en changer à aucun prix. Le monde moderne rattrape les Samisks, leur faudra-t-il renoncer à ce rythme de vie qui n'a pas changé depuis trente mille ans ? Kristina refuse de se soumettre, elle se battra jusqu'au bout, pour que rien ne change...

500 **Ciné Magic** — **Junior**

par Liliane Korb et Laurence Lefevre

Ah ! Le cinéma ! Grands et petits, tout le monde aime ! Qui n'a pas rêvé d'accompagner Robin des bois, Ivanhoé, E. T. ! En 1995, le cinéma fête son anniversaire. Il a tout juste cent ans, c'est un jeune homme qui se porte bien. Son histoire est aussi passionnante que le meilleur des thrillers. Silence, on tourne !

499 **Miss Métal** — **Junior**

par Linda Pitt

Catastrophe ! Il manque un enseignant à l'école primaire de Pinkerton. Mais le grand-père de Harry et de Holly, génial inventeur, propose de fabriquer un professeur-robot. Son nom est tout trouvé : Miss Métal. Nommée institutrice du cours préparatoire, ce professeur est plein de ressources.

497 **Tu me plais !** — **Senior**

Par Achim Bröger

Pour Mickael, dit Mick, la vie n'est pas rose. Ses parents déménagent et Mick ne connaît plus personne, il se sent un peu perdu entre sa mère, son beau-père et son « vrai père » qu'il ne voit plus très souvent. Heureusement, la voisine d'en face est très jolie ! Elle est dans sa classe, chic ! et ne paraît pas indifférente aux timides avances de Mick…

496 **Ceinture noire** — **Senior**

Par Nicholas Walker

De tempéraments totalement opposés, William, quinze ans, et Jayme, quatorze ans, n'ont aucun point commun, hormis leur passion pour le karaté. William rêve d'intégrer l'équipe Olympique. Jaimey brûle du désir d'obtenir sa ceinture noire mais ne voit dans le karaté qu'un prétexte pour se battre. L'amitié de William et Jaimey est houleuse…

495 **Les sept chasses au trésor** **Junior**

par Betsy Byars

« Samedi dernier, Gary et moi, on a joué à la chasse au trésor. Chacun devait retrouver le trésor caché et par l'autre... » À grand renfort de cartes et de mystérieux indices, Isidore et Gary jouent au plus malin. Mais la grande sœur de Gary s'en mêle, et le trésor d'Isidore disparaît...

493 **En scène!** **Junior**

Par Susan Richard Shreve

Au collège, tout le monde ne parle plus que des auditions pour la comédie musicale de fin d'année. Eliza, qui a toutes les chances d'obtenir le premier rôle, refuse de se présenter. C'est dur d'avoir treize ans! de l'acné qui vous mange le visage, des kilos qui s'accumulent. Lucy, son amie, veut tenter sa chance. Eliza va l'aider... Lucy est sourde de naissance...

492 **Mélisande journal intime** **Junior**

par Christiane Holler

Elle s'appelle Mélisande. C'est une jument, elle coule des jours tranquilles et insouciants, jusqu'au jour où sa jeune maîtresse décide de la faire maigrir... Le calvaire commence ! Finies les gâteries qui illuminent l'existence. La vie à l'écurie est pleine de menus événements que nous raconte Mélisande avec verve...

489 **Gaspard des Montagnes L'auberge de la Belle Bergère** **Senior**

par Henri Pourrat

Après la grande peur d'Anne-Marie, la paix semble être revenue au château des sept portes. Il est temps pour Anne-Marie de songer au mariage. Le mariage est bientôt conclu avec M. Robert. Mais le destin d'Anne-Marie est décidément marqué par la tragédie qui a bouleversé son adolescence, elle ne peut s'appuyer que sur Gaspard, son beau cousin, qui lui a juré autrefois de l'assister toujours...

487 **La croisade des enfants** **Senior**

par Isolde Heyne

En l'an 1212, en Allemagne, le jeune berger Nicolas appelle à la croisade des enfants pour libérer le tombeau du Christ à Jérusalem. Des milliers d'enfants répondent à son appel et entreprennent le long périple à pied qui doit les mener jusqu'en Terre sainte. Malgré la faim et la fatigue, les enfants suivent, pleins de ferveur, leur sauveur Nicolas. Personne n'en doute, la Méditerranée s'ouvrira devant eux, traçant le chemin vers la Terre promise.

485 **Gaspard des Montagnes**
Le château des sept portes **Senior**

par Henri Pourrat

En ce temps-là, d'épaisses forêts recouvraient les plateaux d'Auvergne. Le domaine de Chenerailles, fort de ses sept portes de chêne, ne craignait pas les brigands. Mais il a suffi, un soir, qu'une porte reste ouverte pour qu'un bandit s'y introduise. Anne-Marie, la fille du maître des lieux, réussit pour se défendre à lui couper deux doigts avant qu'il ne disparaisse. L'homme a juré de se venger. Anne-Marie, terrifiée, sait qu'il reviendra un jour. Gaspard des Montagnes, son beau cousin, parviendra-t-il à la protéger ?

484 **Le chevalier du vent** **Senior**

par Thalie de Molènes

En cette fin de XVIIIe siècle, la famille Tibeyrant a la charge de la forge royale à Plazac en Périgord. François, l'aîné des enfants, est confié à son oncle médecin, Pierre Tibeyrant. Ce dernier doit parfaire l'éducation du garçon, qui suivra donc son enseignement ainsi que celui du chevalier de Saint-Edme, gentilhomme original dont le rêve est de voler…

482 Les quatre filles du docteur March **Senior**

par Louisa May Alcott

Un grand classique de la littérature américaine, mettant en scène une famille dont le père est parti à la guerre de Sécession. Quatre filles, Meg, Joe, Beth et Amy, toutes de caractère différent, affrontent avec courage une situation difficile.

485 Gaspard des Montagnes Le château des sept portes **Senior**

par Henri Pourrat

En ce temps-là, le domaine de Chenerailles, fort de ses sept portes de chêne, ne craignait pas les brigands. Mais un soir, une porte reste ouverte : un bandit s'y introduit. Anne-Marie, la fille du maître des lieux, réussit pour se défendre à lui couper deux doigts avant qu'il ne disparaisse. L'homme a juré de se venger. Gaspard des Montagnes, son beau cousin, parviendra-t-il à protéger Anne-Marie ?

480 Les révoltés de Saint-Domingue

par Bertrand Solet

Alors qu'en France la Révolution a aboli les privilèges, rien ne change sur l'île d'Haïti. Les riches planteurs font travailler durement les esclaves. Mango, un adolescent de quatorze ans, ne supporte plus cette vie d'asservissement, comme beaucoup de Noirs. Il rejoint les révoltés, menés par Toussaint Louverture...

479 Un sprint pour Marie **Senior**

Par Philippe Barbeau

Fabien, le Tourangeau, arrive à La Ferté où son père a été muté. Arnaud, un camarade de sa classe de troisième, lui communique sa passion pour la course cycliste. Arnaud et Fabien, liés par l'amour du vélo, s'entraînent ensemble, mais lorsque la saison des courses arrive, les voici rivaux. Rivaux aussi en amour, qui des deux gagnera le cour de la belle Marie au regard vert?

Cet
ouvrage,
le six cent
quatre-vingt cinquième
de la collection
CASTOR POCHE,
a été achevé d'imprimer
sur les presses de l'imprimerie
Maury Eurolivres
Manchecourt - France
en janvier 1999

Dépôt légal: février 1999.
N° d'édition : 4408. Imprimé en France.
ISBN: 2-08-164408-8
ISSN: 0763-4544
Loi n° 49-956 du 16 juillet 1949
sur les publications destinées à la jeunesse